함께 성장하는 새로운 도시

박영선, 서울을 걷다

박영선, 서울을 걷다

초판 1쇄 인쇄 2018년 3월 2일
초판 1쇄 발행 2018년 3월 8일

지은이 | 박영선
본문구성 | 스토리베리
사진 | 이원조 서호영 최진호 YOKOHO
지도 일러스트 | 정성현

펴낸곳 | (주)가나문화콘텐츠
펴낸이 | 김남전
기획부장 | 유다형
책임편집 | 김건우
외부편집 | 안선희
기획팀 | 서선행 김영남
디자인 | 정란
마케팅 | 정상원 한웅 정용민 김건우
경영관리 | 임종열 김다운

출판 등록 | 2002년 2월 15일 제10-2308호
주소 | 경기도 고양시 덕양구 호원길 3-2
전화 | 02-717-5494(편집부) 02-332-7755(관리부)
팩스 | 02-324-9944
홈페이지 | www.ganapub.com
이메일 | admin@anigana.co.kr

ISBN 978-89-5736-945-6 03300

가나출판사는 당신의 소중한 투고 원고를 기다립니다. 책 출간에 대한 기획이나 원고가 있으신
분은 이메일 ganapub1@naver.com으로 보내주세요.

박영선, 서울을 걷다

가나출판사

함께 성장하는 새로운 도시, 서울을 꿈꾸며

서울에서 50년 넘게 살았습니다. 어느 날 문득 제 자신에게 '서울은 나에게 과연 무엇일까?'라는 질문을 던지게 되었습니다. 주변 사람들에게도 '서울'하면 무엇이 생각나는지, 자신에게 어떤 의미가 있는지 물어보았지요. 쉽게 대답을 하지 못했습니다. 서울에 대해 명확하게 할 말을 찾지 못한 것은 저도 마찬가지였습니다.

그때부터였습니다. 사람들과 함께 걸으며 우리가 사는 서울에 대해 재발견을 해보자고 생각했습니다. 서울은 저를 품어내고 키워준 곳입니다. 혼자가 아니라는 사실을 일깨워주었고, 성장은 사람들과 함께할 때 이뤄진다는 것을 배우게 해주었습니다. 사람들과 함께 서울을 걷고 싶다는 생각이 자연스럽게 들었습니다.

'함께 성장하는 새로운 도시 서울(함성도시 서울)'에 대한 비전은 그렇게 시작되었습니다.

서울을 걸으며 어찌 보면 세계에서 유일하게 다섯 개의 궁궐이 모여있는 '궁궐 도시 서울'을 랜드마크화해야 한다는 생각을 더욱 강하게 갖게 되었습니다.

지금까지는 왕족의 궁궐로서 서울 시민과 분절되어 보존되어 왔던 궁궐을 시민의 궁궐로 찾아오는 작업이 필요하다고 생각했습니다.

20세기 프랑스의 파리는 세계적으로 유명한 아이엠페이가 루브르 박물관 앞 유리 피라미드를 설계해서 새로움을 더함으로써 파리의 궁궐을 살아있는 궁전, 세계인과 함께하는 궁전으로 만들었습니다. 물론 처음에 이 시도는 많은 논란을 불러일으켰습니다. 그러나 결국 유리 피라미드는 루브르 궁전을 세계인의 마음속에 다시 한번 새기는 계기가 되었습니다.

도시는 현대 시민들이 살아가는 소중한 공동체인 동시에 과거와 현재와 미래가 공존하는 공간입니다. 도시는 인간이 만든 가장 위대한 창작품이요, 생명체입니다. 도시를 새롭게 만들어가는 과정은 곧 시민들의 이야기를 듣고 질문하고 소통하는 과정이기도 합니다. 시민과의 소통 없이 성공한 도시재생 프로젝트는 그 어디에도 존재하지 않습니다.

서울은 걸으면 걸을수록 매력적인 도시였습니다. 예전에는 몰랐던 것을 보게 되고, 새로운 관점도 갖게 되니 세계 어느 도시보다 경쟁력 있는 도시로 만들 수 있다는 확신이 생겼습니다.

도시, 특히 한 나라의 수도는 그 나라의 역사적 산물이자 문화적 자산입니다. 전통과 현대가 공존하는 고도(古都) 서울은 세계에서도 비슷한 사례를 찾아보기 힘들 만큼 역동적이면서도 다양한 모습을 지니고 있는 곳입니다. 세계 어느 나라의 도시와 견주어도 뒤지지 않는 매력자본을 풍부하게 지니고 있다고 생각합니다.

또한 서울은 민주화에 앞장서온 시민들의 함성이 오롯이 배어있는 곳이기도 합니다. 명동성당, 시청광장의 외침이 촛불혁명으로 성숙되어 세계적인 인권상을 받은 곳이기도 합니다. 그렇기에 '함께 성장하는 새로운 도시 서울(함성도시 서울)'을 향한 비전에는 '더 나은 사회를 지향하는 시민들의 뜨거운 열망과 함성'도 함께 담겨있다고 생각합니다.

〈서울을 걷다〉는 그동안 우리가 피상적으로 알았던 서울을 재발견하는 동시에 역사와 문화의 씨줄과 날줄로 촘촘히 짜인 아름다운 도시를 새로운 관점으로 보게 되는 기회가 될 것입니다.

1부는 '역사'라는 주제로 덕수궁, 정동, 창덕궁, 경복궁, 삼청동을 살펴보았습니다. 우리가 역사를 제대로 알아야 하는 이유 중의 하나는 현재 서 있는 자리를 돌아보기 위해서입니다. 비록 잘못된 역사일망정 왜곡 없이 바라보며 현재의 디딤돌로 삼아 앞으로 어떻게 서울의 모습을 이야기할 것인지, 큰 그림 속에서 살펴보았습니다.

2부는 '배움'이라는 주제로 정독도서관과 성균관의 이야기를 담았습니다. 우리에게 배움이란 무엇일까요? 우리는 무엇을 위해 배우는 걸까요? 우리가 배운 것을 어떻게 써야 할까요? 정독도서관과 성균관에 가니 질문이 꼬리에 꼬리를 물고 이어졌습니다. 그러고 보면 배움의 또 다른 이름은 질문일지도 모르겠습니다.

3부는 '문화'라는 주제로 명동, 종묘, 송현동을 걸은 기록입니다. 숨 가쁜 근현대사의 철길을 달려왔기에 더욱 의미 있는 장소입니다. 민주화의 성지 명동성당에서 끝끝내 우리가 지켜낸 것은 지금도 우리의 정신문화를 이루고 있습니다. 1987년 민주주의를 외치며 광장으로 나왔던 그때 그 힘이 있었기에 30년 후 촛불을 들고 다시 광장으로 나올 수 있었습니다. 우리 후손들은 지금의 시대문화를 일러 '광장문화'라고 부르지 않을까요?

특히 송현동은 제가 오래전부터 복원되기를 바라는 곳입니다. 덕성여자중학교를 다니던 학창시절, 제가 다니는 학교와 담을 하나 사이에 두고 늘 창문 너머로 바라보던 곳. 그 당시에는 미국 대사관 직원들의 숙소로 사용됐던 그 땅을 다시 시민의 품으로 찾아와야 한다는 애착이 항상 저에게 있었습니다. 이렇게 빼앗기고 훼손된 땅이었던 송현동은 누군가가 독점할 수 있는 땅이 아닙니다. 치유와 공유의 삶터로, 소통과 존중이 살아있는 문화교차로로 시민들의 공간이 되어야 합니다. 송현동 회복은 새로운 시대, 서울의 미래에 시사하는 바가 크기 때문입니다.

이렇게 우리가 걸었던 서울의 길들은 역사성과 시대성을 동시에 담고 있는 곳이었습니다. 그러나 알고 보면 서울 전체가 문화유산입니다. 앞으로도 다양한 문화가 공존하고 상생하는 서울을 우리 발로 걷고 우리 손으로 만들어가면 좋겠습니다.

〈서울을 걷다〉를 시작하며 서울의 숨겨진 역사와 건축의 미학을 잘 설명해주실 전문가들을 모셨습니다. 2017년 초가을, 아주 오랜만에 만나 뵙고 점심을 함께했던 시간 속에서 〈서울을 걷다〉의 많은 영감을 불어 넣어주셨던 유홍준 교수님께 깊이 감사드립니다. 그리고 〈서울을 걷다〉의 주춧돌이 되었던 대한민국 최고의 덕수궁 전문가, 경기대학교 건축학과 안창모 교수님이 계시지 않았다면 〈서울을 걷다〉를 시작하지 못했을지도 모릅니다. 역사에 대한 해박한 지식과 놀라운 통찰력을 보여주신 한국예술종합학교 김봉렬 총장님, 정원과 조경에 대한 탁월한 관점으로 시선을 확장해준 서울시립대학교 서울학연구소 박희성 교수님, 형식에 얽매이기보다 본질과 정성이 중요하다는 깨우침을 주신 성균관 박광영 의례부장님, 강남걷기를 통해 새로운 의미부여를 해주셨던 걷고싶은도시만들기 시민연대 이사장이자 서울시립대학교 명예교수이신 김기호 교수님께 감사드립니다.

그리고 〈서울을 걷다〉의 진짜 주인공! 함께 걸었던 시민 여러분께 감사드립니다. 정말 많은 분들이 격려해주고, 응원해주고, 함께 걸어주셨기에 저 또한 끝까지 걸을 수 있었습니다. 그렇기에 이 책은 함께 걸었던 '우리'가 같이 쓴 책입니다.

〈서울을 걷다〉에 정말로 많은 분들이 도움을 주셨습니다. 이 일이 개인적으로도 사회적으로도 의미 있었던 이유는 전 과정을 함께해주신 시민 여러분이 있었기 때문입니다. 우리가 더불어 함께 성장할 수 있었던 시간이었다고 믿습니다. 두 손 모아 다시 한번 감사드립니다.

2018년 3월에

박영선

· 1부 ·
과거를 통해 현재를 생각하다   역사

1 / 벽을 넘어 광장으로   ⋯ 16
덕수궁과 정동

서울광장, 촛불의 의미   서울을 만든 사람들   〈서울을 걷다〉의 첫 출발, 대한제국의 출발점에서 시작하다   근대와 현대의 교차로   대한제국의 황궁, 덕수궁   함녕전의 침묵   정관헌에 머물다   석어당에 단청이 없는 이유   당당한 위용을 지닌 중화전   석조전, 대한제국이 근대국가를 지향했다는 증거   걸음마다 근대의 역사가 담긴 추억의 메카 정동길   독립신문사 터를 찾아서   이별의 길에서 만남의 길로   열린 광장, 소통의 도시

· 2부 ·
세상의 문을 열다

배움

세계 최초의 국립대학을 가다　하마비와 탕평비에서 배움을 생각하다　성균관의 기숙사 양현재　리더는 태어나는 게 아니라 만들어진다　밥만 잘 먹어도 과거 급제　차별을 넘어 차이를 인정하는 사회로　이야기에 사람을 담는 유홍준 교수와 함께　명륜당 앞에 은행나무를 심은 뜻은　100리 길을 갈 땐 90리를 절반으로 생각하라　성인이란 크게 이룬 존재　성균(成均), 소리를 고르듯

·3부·
함께 성장하는 도시 서울　　　문화

한국 천주교의 살아있는 역사, 명동성당　민주화 운동의 성지　김수환 추기경에 대한 추억　우리나라를 대표하는 고딕성당　다양한 삶의 모습과 시대의 얼굴을 드러내는 명동　근현대사의 흔적을 간직한 금융의 중심가　성공과 개발의 문화에서 공감과 소통의 문화로

. . .

S E O U L

. . .

1/

벽을 넘어
광장으로

서울광장,
촛불의 의미

광장에 서면 심장이 두근거린다.
발끝에서 손끝까지 세차게 뛰는 동맥 소리를 듣는다.
광화문광장에서 서울광장까지, 함께 빛이 되었던 우리.
그날의 함성은 지금도 내 안에 오롯이 살아있다.

　〈서울을 걷다〉의 첫 출발점은 서울광장이었다. 서울광장으로
가는 길은 평소처럼 평범했다. 여의도에서 시청까지 가는 길에 약
간의 정체가 있었고, 운이 좋아 신호를 잘 받으면 강물 흐르듯 유
연한 교통의 흐름을 타기도 했다. 창밖으로 보이는 파란 하늘과
분주히 걸어가는 사람들, 한가로운 비둘기들의 모습도 여느 때
보던 풍경과 같았다.

이상한 것은 나 자신이었다. 아침부터 조금씩 빨리 뛰던 심장이 서울광장에 가까워질수록 더 세차게 뛰기 시작했다. 가만히 숨을 고르면서 왼쪽 손목에 오른손을 올렸다. 평소엔 별로 느끼지도 못했던 맥박이 힘차게 뛰는 게 느껴졌다. 내가 살아있다는 기분이 손끝으로 생생하게 전해졌다. 마치 내 몸의 함성을 듣는 것만 같았다.

그날, 수백만 촛불의 함성이 터져 나왔던 서울광장이 보였다. 촛불을 들고 시민들과 행진했던 그날의 기억이 떠올랐다. 아이의 손을 잡고 나온 부모, 촛불 아래에서 환하게 웃던 여고생, 집에만 있을 수 없어 나왔다는 팔순 어르신까지 모두가 손에 들고 밝힌 촛불은 빛의 물결이 되어 광화문광장과 서울광장 한복판을 뜨겁게 채웠다. 새로운 대한민국의 희망을 만들어가고자 하는 마음은 남녀노소를 불문하고 똑같았던 것이다.

서울광장에 가까이 다가갈수록 감회가 새로웠다. 헤아릴 수 없이 많은 촛불의 빛으로 어둠을 쫓아내고, 새로운 새벽을 불러온 이곳은 민주사회를 향한 우리 모두의 열망이 여전히 살아있는 곳이었다. 그때나 지금이나 서울광장은 꿈틀거리고 있었다. 여전히 열려있었고, 현재진행형으로 숨 쉬고 있었다.

서울을 만든
사람들

서울광장의 역동성은 서울의 역동성을 상징하는 것이기도 하다. 서울은 늘 변화해왔다. 멈춰있고 고여있는 물이 아니라 솟구치고 흐르는 물이었다. 그리고 그 변화의 물줄기를 만들어가는 주체는 언제나 사람들이었다.

'서울 사람들'이라는 말 속에는 많은 의미가 담겨있다. 서울은 그곳에서 태어나고 자란 사람들만의 것이 아니다. 전국 방방곡곡에서 올라온 사람들의 희망과 애환이 묻어있기 때문이다. 강원도, 경기도, 경상도, 전라도, 제주도, 충청도, 지금은 갈 수 없는 북한 땅에서까지 수많은 사람들이 서울로 왔다.

고향을 떠나 서울로 올 때 그들의 마음에는 어떤 무늬들이 남았을까? 서울이 고향처럼 여겨질 때까지 그들의 삶에는 어떤 일들이 있었을까?

방송국 입사 후 구로동으로 취재를 나간 적이 있었다. 한 울타리에 몇 십 가구가 다닥다닥 붙어있던 구로동 벌집은 지금까지 잊히지 않는다. 그들은 대개 원래 살던 곳에서 이주해온 사람들이었다. 희망을 잃지 않고 하루를 묵묵히 살아내는 모습에서 그들이 풍기는 삶의 진한 땀 냄새를 맡기도 했지만 이런 곳에서 사람이 어떻게 사는가 싶어 돌아오는 발걸음이 내내 무거웠다.

산업화 시대의 격동기를 맞아 희망과 불안을 품고 정든 고향을 떠나야만 했던 서울의 디아스포라들이 어찌 구로동 사람들뿐이었으랴. 조상 대대로 살아온 터전을 떠나 생면부지의 낯선 곳으로 옮기는 일은 단순히 '물리적 이사'가 아니라 복잡다단한 '심리적 이동'이었을 것이다. 그리고 그 이동 속에는 불안과 슬픔, 혼란과 분노 등 몇 마디 말로는 다 표현할 수 없는 감정들이 숨겨져 있었을 것이다.

그렇게 서울에 뿌리를 내리고자 애썼던 이주민 속엔 우리 가족도 있었다. 어머니는 실향민이었다. 황해도에서 부산으로, 다시 창녕으로 넘어와 자리를 잡았지만 서울에서 둥지를 틀었다. 세 살 된 나를 등에 업고 제2의 고향인 창녕을 떠나 서울로 올라와 셋방살이를 시작했던 것이다. 넉넉지 않은 형편이었지만 내 옷을 손수 만들어 입히며 알뜰하게 생활했고 뒤늦게 올라온 아버지도 새 직장에 출근하며 낯설기만 한 이곳이 익숙한 곳이 될 때까지 묵묵히 일하셨다.

툭하면 고향 이야기를 꺼내던 친구도 있었다. 부푼 꿈을 안고 서울에 올라왔지만 방학이 되면 열 일 제치고 고향 가는 기차표부터 끊곤 했던 그 친구는 졸업 후 서울에서 가정을 꾸리고 잘 살고 있으면서도 여전히 툭하면 고향으로 내려가겠다는 말을 꺼낸다.

그에게 서울은 어떤 곳이었을까? 때로는 머물고 싶고, 때로는 떠나고 싶은 애증의 양면을 간직한 곳일까? 하지만 그런 그도 그날만큼은 일말의 주저함 없이 서울광장으로 나와 희망의 촛불을 손에 들었다. 그리고 지금도 여전히 서울 사람으로 살고 있다.

이렇듯 서울이라는 공간은 개개인의 경험도, 삶의 내용도 제각각 다른 사람들이 모인 도시지만 우리를 '서울 사람들'로 단단하게 묶어주는 것이 있다. 그중 하나가 바로 그날 서울광장에서의 '기억'이다. 낯선 이들이 모여 촛불을 켜고 마음을 모았던 그곳에는 사람의 따스함이 살아있었다. 비록 고향도 다르고, 사는 곳도 다르고, 살아온 시간의 색깔도 다 달랐지만 우리는 서울광장이라는 같은 공간에서 목청껏 외치고, 춤추고, 노래했다. '우리의 서울'을 '함께' 탄생시켰던 것이다.

〈서울을 걷다〉의 첫 출발,
대한제국의 출발점에서 시작하다

서울광장에는 함께 걷기 위해 모인 시민들이 인사를 나누고 있었다. 처음 만나서도 환하게 웃으며 서로 마음을 주고받을 줄 아는 이 분들이 바로 서울의 변화를 이끌어낸 사람들이라는 생각이 들었다.

돌아보면 서울이라는 도시는 예나 지금이나 끊임없이 '변화'를 선택해왔다. 없던 길을 만들고, 허문 건물을 다시 지으며 새로운 얼굴을 만들어냈다. 어쩌면 도시는 인간의 발명품 가운데 가장 위대한 것인지도 모른다. 도시지리학을 전공한 내 눈에 서울은 세계 어느 도시보다 흥미로운 도시였다. 게다가 역사적인 변화를 이끌어낸 서울광장에서 〈서울을 걷다〉의 첫 걸음을 걷게 되었으니 감회가 새로웠다.

"오늘 우리가 함께 걸을 곳은 덕수궁과 정동인데요, 이 분과 함께 걷는 것이 정말 행운입니다. 덕수궁과 정동에 대해서라면 이

분의 지식과 탁견을 따라올 분이 없기 때문이죠. 근현대사의 독보적인 연구자이자 건축사학자인 경기대학교 건축학과의 안창모 교수님입니다."

인사를 나눈 안 교수가 힘 있는 목소리로 말문을 열었다.

"서울의 역사, 대한민국의 역사를 다시 돌아보려면 서울광장에서부터 출발해야 합니다. 우리의 근현대사를 새로 쓴 대한제국이 출발한 중심지이기 때문입니다. 그동안 우리는 우리의 근대사를 연구하지 않았고 우리가 배운 몇 안 되는 근대사는 일제의 식민지 역사관을 비판 없이 수용한 근대사 왜곡의 결정판이다 보니 대한제국의 의미를 충분히 재조명하지 못했는데요, 앞으로 우리가 제대로 바로잡아야 할 부분이기도 하죠. 저기 건너편에 덕수궁이 보이시죠? 덕수궁은 대한제국의 첫 번째 황궁이었는데요. 안타깝게도 지금 우리가 보는 덕수궁은 온전한 덕수궁이 아닙니다. 서울광장까지 포함해야 비로소 덕수궁의 진정성이 되살아납니다. 원래의 덕수궁은 이곳까지 뻗어있었으니까요."

그랬다. 덕수궁은 원래의 궁궐의 권역을 지키지 못하고 일제에 의해 강제로 몇 번이나 공간이 잘려나갔다. 한 나라의 황궁을 함부로 잘라 제멋대로 팔아넘겼으니 일제의 침탈과 시대의 폭력성이 고스란히 드러나는 자리요, 우리 근대사의 비운이 서린 곳이다.

〈서울을 걷다〉의 첫 출발, 서울광장

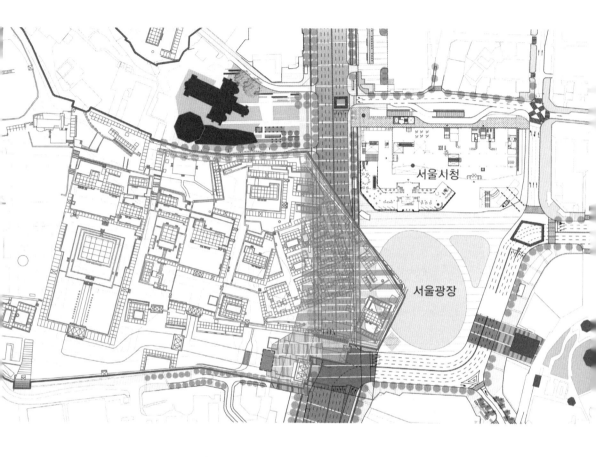

서울시청

서울광장

옛 덕수궁 궁역

박영선, 서울을 걷다

덕수궁 대한문 앞은 두 차례에 걸쳐 변했다. 첫 번째는 일제강점기이던 1912년 일본이 도로를 직선화시키면서 덕수궁의 일부가 잘려나갔고, 복원되지 못한 상태로 광복을 맞았다. 두 번째는 1968년 서울시가 도로를 확장하는 과정에서 또 다시 공간을 빼앗기는 바람에 대한문은 한층 뒤로 물러나게 되었고, 현재의 담장이 설치되었다.

"안타까운 것은 단순히 옛 황궁의 궁역이 협소해졌다는 사실만이 아닙니다. 덕수궁의 공간이 잘려나가 도로가 되는 과정에서 우리 근대사의 중요한 현장, 즉 대한제국이 근대국가로 출범하는 데 중요한 기관이었던 원수부와 궁내부의 존재가 사라지고 기억에서 완전히 사라졌기 때문입니다."

안 교수의 말에 사람들이 탄식을 쏟아냈다. 원수부는 대한제국 군권의 상징이었고, 궁내부는 고종황제가 내건 개혁의 핵심, 광무개혁을 추진했던 중심기관이었기 때문이었다.

대한제국이 정치력과 군사력을 완비한 제국의 면모를 갖추지는 못했다 하더라도 자주독립과 근대화를 지향하며 주체적으로 개혁을 추진했다는 점은 높이 살 부분이다. 그러나 덕수궁이 잘려나가는 과정에서 새로운 나라를 건설하려던 광무개혁의 상징 원수부와 궁내부가 모두 사라지면서 대한제국도 우리의 기억 속에서 사라졌다. 역사에서 '눈에 보이는 형태로 존재한다'는 것은 얼마나 중요한 일인가!

원수부와 궁내부 건물이 아직 남아있다면 대한제국의 존재가 지금처럼 역사의 기억에서 완전히 잊히는 일은 없지 않았을까. 덕수궁의 의미가 지금과는 상당히 달라지지 않았을까.

잘려나간, 빼앗겨버린, 사라져버린 덕수궁 공간에 대한 안타까움이 큰 만큼 지금 우리가 서 있는 서울광장의 의미를 짚어보는 일이 더욱 중요하게 여겨졌다.

시민(이원조)이 그린 담이 열린 덕수궁

박영선, 서울을 걷다

근대와 현대의
교차로

안 교수는 서울광장이 중요한 이유가 또 하나 있다고 했다.

"현재 서소문로와 무교로, 태평로로 이어지는 이곳에 서울시의회 건물이 있습니다. 이곳이야말로 근대와 현대의 교차로라고 볼 수 있지요. 저기 두 개의 큰 길을 한번 보실까요?"

안 교수가 가리킨 것은 세종로와 소공로였다. 서울광장은 이 두 개의 큰 길이 만나는 곳이었다. 조선시대에는 없었는데 대한제국을 선포한 후 새로 만든 길이었다고 하니 그야말로 '대한제국의 길'인 셈이었다.

"대한제국을 선포한 당시 황궁은 덕수궁이었지만 정부의 행정 부처라고 할 수 있는 육조는 광화문광장 주변에 그대로 놓여있었습니다. 그래서 고종황제는 왕과 신하가 '소통'하기 위한 길이 필요하다고 생각했고 새로운 길을 만들었지요."

고종은 국호를 대한제국으로 바꾸고 황제로 즉위하기 전부터 서울을 근대도시로 바꾸는 도시개조사업을 펼쳤고, 경운궁(현 덕수궁)을 대한제국의 황궁으로 삼은 후에는 경운궁을 중심으로 도시구조를 재편했다. 종래의 경복궁 중심의 도로체계 대신 덕수궁을 중심으로 북쪽으로는 경복궁에 이르는 세종대로, 동쪽으로는 현재의 을지로, 동남쪽으로는 현재의 소공로, 남쪽으로는 남대문으로 이어지는 길들로 구성되는 방사형 형태의 구조를 만들었다.

　상징적인 측면은 물론 기능적 측면에서도 황제의 궁궐 덕수궁이 서울의 중심이 된 것이다. 새로운 시대가 열린다는 것을 보여주는 가장 효과적인 방법이 수도 서울의 면모를 일신하는 데 있다고 생각한 고종황제는 조선시대 내내 변화 없던 서울의 도로구조를 바꿈으로써 새로운 도시, 새로운 나라를 건설하겠다는 의지를 드러낸 것이리라.

　《독립신문》에는 이런 구절이 있다.

　"조선이 이제 문명진보의 길로 들어서는 것을 보여주는 일이다."

　고종황제가 꿈꾸었던 나라는 어떤 나라였을까? 예전과는 전혀 다른, 어떤 새로운 '시대'가 아니었을까? 그랬기에 과감한 개혁을 앞세울 수 있지 않았을까?

근대국가 대한제국을 열망했던 고종황제

고종황제의 연호를 딴 광무개혁은 1897년 대한제국을 선포한 후 집중적으로 진행한 개혁이었다. 정부와 왕실의 재정을 분리해 재정을 일원화하고, 중앙집권적 조세제도 수립, 내각제의 이념을 도입한 의정부제도 부활, 비리가 많았던 과거제도 대신 추천식 인재등용 방식 채택 등 정치제도적인 면은 물론 근대적 호적제도와 학교 설립, 신문 발행 등 사회경제적인 면에서도 대대적인 변화를 시도했다.

고종황제와 그의 뜻을 따르던 이들이 이루고자 했던 광무개혁에 대한 후대의 평가에는 다양한 시각이 공존한다. 누군가는 미완의 개혁이라고 하고, 누군가는 실패한 개혁이라고 하며, 누군가는 근대사회로 향한 최초의 문을 열었던 개혁이라고 한다. 무엇이 됐건 고종황제가 품었던 원대한 꿈에는 분명 의미가 있지 않았을까.

아이러니하게도 고종황제는 새로운 시대의 문을 열고자 안간힘을 썼으나 시대의 문이 닫히고 말았다. 하지만 고종황제의 이야기는 그의 죽음에서 끝나지 않는다. 오히려 그의 죽음에서부터 다시 시작된다. 고종의 죽음에서 촉발된 3·1운동은 민중의 혼을 일깨워 전국방방곡곡에 "대한독립만세!"라는 우렁찬 함성을 들불처럼 번지게 했던 것이다.

대한제국의 황궁,
덕수궁

"이제 대한제국의 황궁이었던 덕수궁 안으로 들어가볼까요?"

대한문을 지나 덕수궁 안으로 들어가자 바로 금천교가 나왔다.

"덕수궁뿐만 아니라 경복궁, 경희궁, 창덕궁, 창경궁 등 궁궐 안에는 물이 흐르고 물 위로 다리가 있는데 상징하는 바가 있습니다. 궁궐은 왕의 거처이자 직무공간이었어요. 다리를 경계로 안은 왕의 공간, 밖은 세속의 공간을 뜻했죠."

"그런데 두 공간의 경계를 삼은 것치고 대한문과 금천교는 거의 구분이 안 갈 정도로 거리가 가까운데요? 좀 옹색해 보이기도 하고요."

"그럴 수밖에요. 지금의 덕수궁은 예전 모습이 아니니까요. 원래 모습을 생각해보면 대한문이 지금의 자리에서 30미터 이상 더 나아가 있었을 테니 당시엔 드넓은 풍광이었을 겁니다."

금천교를 건너온 곳도 지금은 나무만 있는 빈 터일 뿐이지만 황궁으로 쓰이던 당시엔 크고 작은 전각들로 가득 차 있었다는 설명이었다. 전각들은 궁궐의 상징이자 중심인 정전부터 황제의 일상적 근무공간인 편전, 잠을 자는 침전까지 각각의 독립적인 영역을 지니고 있었다. 궁궐에서 황제의 삶과 업무를 지원하는 다양한 기능을 가진 여러 전각들을 '궐내각사(闕內各司)'라고 하는데 현재는 거의 다 사라지고 없어서 상상으로만 그려볼 뿐이었다.

함께 걷는 내내 얼굴에 와 닿는 햇빛이 따사로웠다. 우리를 비추는 저 햇빛은 백 년 전에도 오백 년 전에도 천 년 전에도 변함없이 이 자리에 찾아와 높고 낮음, 크고 작음에 상관없이 골고루 내려앉았을 것이다. 닫힌 담장이든 열린 광장이든, 좁은 우물이든 넓은 강물이든 차별하지 않고 평등하게 자신이 지닌 온기를 나눠주었을 것이다.

거대한 역사의 흐름 속에서 오랜 시간 동안 우리가 함께 일궈낸 것, 찾아낸 것, 소중하게 지켜야 할 것, 평화, 사랑, 평등, 정의, 배려, 나눔, 민주 등의 가치 또한 저 햇빛처럼 언제라도 어디서라도 누구에게라도 골고루 가닿는 것이어야 한다는 생각이 들었다.

햇빛 속에 잠긴 덕수궁을 두루 살펴보노라니 독특한 환경이 눈에 들어왔다. 궁궐 뒤로 산이 보이지 않았다. 경복궁은 백악을 배경으로 하고, 경희궁은 인왕을 배경으로 하고 있는데 덕수궁은 사방팔방을 돌아보아도 산 대신 빌딩숲만 가득했다. 풍수를 중요하게 여겼던 때, 산을 배경으로 하지 않는 이런 곳에 왜 궁궐이 지어진 것일까?

"덕수궁은 처음부터 궁궐로 지어진 곳이 아니에요. 세조의 큰손자인 월산대군의 저택이었죠. 이곳이 역사의 전면에 등장하게 된 건 두 가지 사건과 관련이 있죠. 하나는 임진왜란입니다. 전쟁이 끝난 후 의주에서 돌아온 선조가 거처할 곳을 찾았는데, 궁궐이 죄다 불타 이곳을 임시 행궁으로 삼았죠. 이후 인조반정이 일어났을 때 인조는 경운궁에서 즉위한 후 창덕궁으로 돌아갔어요."

"두 번째 사건은 무엇이었나요?"

"을미사변이었어요. 이때 명성황후를 잃은 고종은 국가의 안위를 지키기 위해 큰 결심을 하고 아관파천을 했죠. 아관파천에 대해선 학자마다 견해가 다르긴 하지만 한 가지만은 분명해요. 고종은 아관파천을 통해 새로운 국가건설의 밑그림을 그렸고 덕수궁에서 대한제국을 출범시켰다는 것입니다. 우리 역사에서 대한제국의 의미가 너무 축소된 면이 있어요."

설명에 귀 기울이는 내내 세월의 더께가 묻어나는 햇볕 위로 임진년의 신음이 오롯이 드러나는 것만 같았다. 오래도록 그 볕이 내려앉았을 덕수궁의 벽은 덕수궁 안과 밖을 나누는 것에 불과한 것이 아니라 대한제국의 역사를 가두고 있는 것인지도 모른다. 덕수궁의 막힌 숨통을 터서 한바탕 시원하게 숨 쉬게 해주고 싶다는 소망이 나 혼자만의 열망이 아니길 바랄 뿐이었다.

화가 오관진(위), 건축가(아래)가 그린 담이 열린 덕수궁

박영선, 서울을 걷다

함녕전의
침묵

　덕수궁을 말할 때 빼놓을 수 없는 곳이 고종황제의 침전이었던
함녕전(咸寧殿)이다. 가장 사적인 공간인데도 중요하게 언급되는
이유는 덕수궁 대화재가 일어난 곳이자 고종황제가 승하한 곳이
기 때문이다.

　1904년 러일전쟁이 발발해 대한제국의 운명이 바뀌었던 바
로 그해에 함녕전에서 발생한 대화재로 덕수궁 전체가 불타버렸
다. 그리고 고종은 함녕전에서 1919년 1월 21일 승하했다. 강제
로 양위당하긴 했지만 의병 및 독립운동가들에게 상징적인 구심
점 역할을 했던 그의 죽음은 후에 윌슨의 민족자결주의, 김규식
의 파리강화회의 참석과 함께 2·8독립선언과 3·1운동에 영향을
준 계기가 되었다.

　고종황제의 비통함과 죽음의 비밀을 품고 있는 함녕전은 그저
묵묵히 침묵을 지킬 뿐이니 그날 어떤 일이 있었는지는 끝내 영

원한 비밀 속에 묻혀버리고 마는 것일까. 함녕전을 바라보는 사람들도 말이 없었다. 비극의 현장이자 제국의 운명을 상징하는 곳으로 남은 함녕전을 바라보는 마음이 묵직했다.

일제 만행의 흔적은 여기서 그치지 않았다. 1930년대 일제는 황궁이었던 덕수궁을 도시공원으로 만들어버리면서 전각들을 거의 없애버린 것은 물론 공간의 형태까지 바꿔버렸다.

"궁을 마구 헤쳐놓은 것만 봐도 일제의 저열한 의도가 읽히네요."

"일제에 유린당한 점을 열거하자면 끝이 없죠. 덕수궁 곳곳에 그 증거가 보이고요. 현재의 함녕전과 덕홍전 사이엔 담이 없는데 그것만 해도 그들의 야만적인 무례함을 알 수 있지요."

"함녕전은 고종황제가 잠을 자던 사적인 공간이고 덕홍전은 업무를 보던 공적인 공간이잖습니까? 마땅히 경계를 두어야 할 것 같은데 두 건물 사이에 담이 없다니 이상한 일이네요."

"상식적으로 생각해도 이상하죠? 원래는 이 사이에 담이 있었는데 일본이 없애버렸죠. 그들이 우리 궁궐 건축에 대한 이해가 부족해서였다고는 생각하지 않습니다. 여기 담을 보면 쭉 가다가 모양이 틀어지는 바로 저곳이 담이 있던 곳이에요. 이것 하나만 봐도 훼손이 얼마나 심했는지 알 수 있죠. 궁궐의 입구인 대한문의 위치만 봐도 그렇죠. 대한제국의 중심이었던 곳인데 너무 많이 왜곡되었어요. 더 늦기 전에 대한제국은 물론이고 고종황제에 대해서도 왜곡된 것을 바로잡아 새롭게 조명할 필요가 있어요."

고종황제가 잠을 자던 덕수궁 내 함녕전

정관헌에
머물다

함녕전과 덕홍전의 뒤쪽엔 정관헌(靜觀軒)이 있다. 정관헌은 '휴식을 취한다'는 뜻이다. 덕수궁 안에서 가장 높은 곳에 자리 잡고 있어서 궁궐과 도시가 한눈에 보였다. 정관헌으로 올라가는 돌계단은 주변의 소나무와 아름다운 조화를 이루고 있었다.

"덕수궁에는 세 개의 서양식 건물이 있어요. 석조전, 중명전 그리고 정관헌이지요. 우리가 서양식 근대국가를 추구하고 있고, 우리에게 충분히 서양식 근대국가를 운영할 수 있는 능력이 있다는 것을 보여주는 상징적인 건물들입니다."

"우리의 전통적인 건축양식과 서양의 건축양식이 어우러져 독특한 개성이 있네요."

정관헌의 독특한 개성을 이루는 일등공신은 베란다였다. 바깥 기둥은 나무로 되어있는데 서양식 구조물 위쪽에 청룡, 황룡, 박쥐, 꽃병 등 화려한 색채의 전통문양들이 새겨져 있었다. 고종황제

고종황제가 다과를 들고 음악을 감상하던 덕수궁 내 정관헌

소나무와 박쥐, 당초문이 어우러진 정관헌 난간

는 이곳에서 커피를 마시며 외교사절들과 연회를 즐겼다고 한다.

고종황제는 서양문물을 적극적으로 받아들였던 인물이다. 1899년에 도입된 전차는 당시 일본 동경의 전차보다 2년 앞서 만든 것으로 서울의 대표적인 대중교통이었다. 또한 서양문물을 받아들이기 위한 개화의 루트로 경인철도를 건설했다. 흥미로운 것은 경인철도의 종착역인 서대문이 동시에 전차의 출발역이었다는 점이다. 즉 서대문역은 오늘날의 서로 다른 교통수단이 만나서 갈아타는 우리나라 최초의 환승역이었던 셈이다.

"이 모든 것이 고종황제의 의지였어요. 그가 정말 무능한 황제에 불과했다면 어찌 대한제국 같은 큰 그림을 그릴 수 있었으며, 그의 죽음으로 인해 3·1운동이라는 큰 불씨가 당겨질 수 있었을까요?"

"우리가 배운 근대사와 실제 현장에서 살펴보고 느끼게 되는 내용이 간혹 맞지 않는다고 생각되는 것이 있었는데 덕수궁에 와 보니 확실히 그런 느낌이 드네요."

"바로 그 접점에 일본의 역사 왜곡이 있는 거죠. 심하게 축소되고 비틀어지다 보니 안 맞을 수밖에 없는 겁니다. 안타까운 것은 그동안 우리 학계에서 우리 근대사에 대한 일본의 평가를 비판 없이 받아들이고, 학교에서 가르쳤다는 점입니다."

지금의 우리는 어떨까. 혹여 전체를 보지 못하고 일부만 보고서 그게 옳다고 주장하고 있는 것은 아닐까. 흐르는 강물의 전체를 보지 못하고 굽이진 곳만 본 사람은 말할 것이다. 강물은 직선으로 평탄하게 흐르지 못하고 곡선으로 흐른다고.

그러나 어디 강물이 항상 굽이굽이 휘어지기만 하던가. 제각각 구불거리는 강물은 길을 막아선 바위 앞에서도 멈추지 않고 굽이져 흐를 뿐 결국엔 바다로 가듯 탄식을 부르는 아픈 역사도 한때 왜곡되고 비틀어지는 것 같더라도 결국엔 가야 할 길을 간다. 역사를 만들어가는 사람들의 마음에 정의라는 이름의, 영원히 깨지지 않는 나침반이 내장되어있기 때문이다.

석어당에
단청이 없는 이유

함녕전과 덕흥전을 지나니 석어당(昔御堂)이 보였다. 덕수궁 안쪽 깊숙이 들어온 만큼 안 교수의 설명도 더욱 흥미진진해졌다.

"석어당은 함녕전만큼이나 특별한 곳입니다. 우리나라 전통가옥 구조에서 보기 힘든 2층 건물인 데다가 단청이 없지요."

"우리나라 전통가옥이 대개 단층으로 되어있는 이유는 바닥에 온돌을 사용했기 때문인가요?"

"그렇습니다. 석어당의 2층은 온돌이 깔리지 않은 마루죠. 고종황제는 이곳에서 독서를 하거나 휴식을 취했을 겁니다."

"그런데 단청은 왜 칠하지 않았던 건가요?"

보통 궁궐의 전각들에는 빨갛고 파란 단청이 칠해져 있다. 그런데 석어당은 대한제국의 황제가 사는 궁궐의 전각이었는데도 단청을 칠하지 않았다. 원래 궁궐로 지어진 곳이 아니었다 해도 후에 얼마든지 칠할 수 있었을 텐데 말이다.

"덕수궁은 임진왜란이 끝난 후 임시 궁궐로 쓰던 곳이었지요. 선조와 광해군이 이곳에 머물렀고, 인조반정도 여기에서 일어났어요. 인조가 창덕궁으로 옮길 때 다른 건물들은 원래 주인에게 돌려주었지만 이 석어당만큼은 돌려주지 않고 보존하라고 했습니다. 국란(國亂)을 어떻게 극복했는지 역사적 교훈으로 삼겠다는 의미였지요."

"그 의미를 고종황제도 알고 있었군요."

"그렇죠. 고종황제가 아관파천을 거쳐 덕수궁에서 대한제국을 새롭게 출범했던 이유는 분명했어요. 임진왜란의 어려움을 극복하고 나라를 다시 반석 위에 세운 선조처럼 나라의 기틀을 다시 마련하겠다는 의지의 표명이었지요. 조선의 왕들이 눈에 보이는 형태로 남긴 역사의 교훈을 고종황제 또한 잊지 않았던 겁니다. 석어당에 끝까지 단청을 칠하지 않았던 이유도 임진왜란이 남긴 역사의 교훈을 기억하기 위해서였을 겁니다. 석어당을 보면서, 석어당에 머물면서, 석어당을 오가면서 다시는 그런 치욕을 되풀이하지 않기 위해 고종황제는 수백 번, 수천 번 다짐하지 않았을까요? 석어당은 우리 역사에서 네거티브 헤리티지를 역사의 교훈으로 삼은 첫 번째 건축문화재일 겁니다."

바로 눈앞에서 석어당을 보고 있노라니 안 교수의 말이 유난히 의미 있게 다가왔다.

덕수궁 내 유일한 2층 건물, 석어당

당당한
위용을 지닌
중화전

　석어당 건너편에는 덕수궁의 정전(正殿)인 중화전(中和殿)이 있다. 1902년에 중층 건물로 지었다가 화재가 나서 1906년에 다시 지을 때 단층으로 지었다고 한다.

　"사실 중화전은 대한제국의 두 번째 정전입니다. 첫 번째 정전은 석조전이지요."

　"덕수궁에는 정전이 두 개가 있었던 셈이네요?"

　"그렇습니다. 1897년에 출범한 대한제국은 서양식 근대국가를 지향하고 있음을 만천하에 알리기 위해 신고전주의 양식의 석조전을 지었습니다. 모든 나라가 대한제국을 인정하며 나라가 빠르게 안정화되었지만, 딱 한 나라만 대한제국의 존재를 인정하지 않았어요. 바로 청나라였지요. 청나라는 조선에 대해 종주국이라고 자처하고 있었기에 대한제국이 황제국이라고 선포하는 것이 못마땅했을 겁니다. 그러나 자신들의 생각보다 빠르게 안정되어가자 마지못해 국교를 다시 맺었는데, 이것이 한청조약이에요. 이것은 청나라와 대한제국이 대등한 나라가 되었다는 것을 의미했지요. 중국과의 문제가 해결되면서 고종은 미뤄두었던 전통형식의 정전을 다시 지었는데 이것이 두 번째 정전인 중화전입니다."

중화문을 들어서다 보니 왕이 밟고 들어가는 계단인 답도(踏道)의 문양이 다른 궁궐들과 다르게 봉황이 아니라 용이었다. 원래 조선의 왕들은 봉황을 상징으로 썼는데 대한제국은 황제의 나라라고 선포했기에 황제의 상징인 용을 새겨 넣은 것이다. 중화전의 전각도 보통 적색으로 칠해진 다른 궁궐과 달리 황색으로 칠해져 있는데 이 또한 황제의 궁이므로 황색을 쓴 것이다. 과연 중화전엔 대한제국의 위엄을 보여주는 상징들이 많았다.

그러나 중국과 대등하게 어깨를 나란히 하게 된 대한제국이 지은 두 번째 정전인 중화전은 1904년 경운궁 대화재로 소실되고 말았다. 러일전쟁의 소용돌이에 휘말리고 을사늑약으로 외교권을 빼앗기면서도 중화전을 다시 지은 고종황제는 헤이그에 특사를 파견하며 주권을 되찾고자 했지만 결과는 강제양위였다.

중국과의 주종관계에서 벗어나 당당한 이웃 나라로 거듭나려고 했던 대한제국의 상징! 일본의 겁박을 물리치고 대국가로 거듭나고자 했던 결연한 뜻이 중화전 구석구석 깃들어있었지만, 고종황제의 강제양위 후 즉위한 순종황제가 잠시 중화전을 이용했을 뿐 더 이상의 쓰임은 없었다.

덕수궁의 두 번째 정전이자 국가 행사를 거행했던 중화전

박영선, 서울을 걷다

석조전,
대한제국이 근대국가를
지향했다는 증거

　덕수궁에서 마지막으로 간 곳은 석조전(石造殿)이었다. 고종황제는 대한제국을 출범시키기 전에 영국인 하딩에게 석조전의 설계를 맡겼다. 1900년부터 짓기 시작했는데 10년 후 완공될 즈음 한일병탄이 되었다. 서구식 근대국가를 향한 의지를 담았던 석조전이 완성되던 해 주권을 빼앗긴 비운의 정전이 되고 말았다.

　"석조전은 대한제국의 대표적인 서양식 건물입니다. 18세기 유럽의 궁전 건축을 모방한 것으로 신고전주의 양식의 건축물이죠. 당시 지어진 서양식 건물 중에서도 가장 규모가 크고 순수 석조로 된 유일한 건물이에요. 석조전이라는 말도 돌로 지어진 궁궐이라는 뜻이죠."

　중국과 어깨를 나란히 하는 중화전과 서양식 근대국가를 지향하는 석조전. 동양과 서양의 문화를 한눈에 보여주는 두 건물 사이를 오가노라니 당시 대한제국이 맞이했던 현실과 꿈꾸던 미래를 드러내는 건축사적 현장에 있다는 느낌이 강하게 들었다.

덕수궁은 과거의 역사를 품고 있는 곳이다. 과거의 역사가 중요한 이유는 현재와 이어지기 때문이다. 우리가 살고 있는 현재의 의미 때문에 과거는 역사로 호명되는 것이며, 현재와의 관계를 통해 분명한 의의를 지니게 된다. 또한 미래에 따라 과거는 새로워지고 현재에서 의미를 바꾸어간다.

그렇기에 더욱 덕수궁과 대한제국의 역사를 새롭게 밝힐 필요가 있다. 과거를 보는 눈이 바로 서지 않으면 현재에 새롭게 눈뜰 수가 없다. 모든 역사는 현재의 역사이고 미래를 만드는 토대이기 때문이다.

덕수궁 안에 지어진 최초의 서양식 석조 건물, 석조전

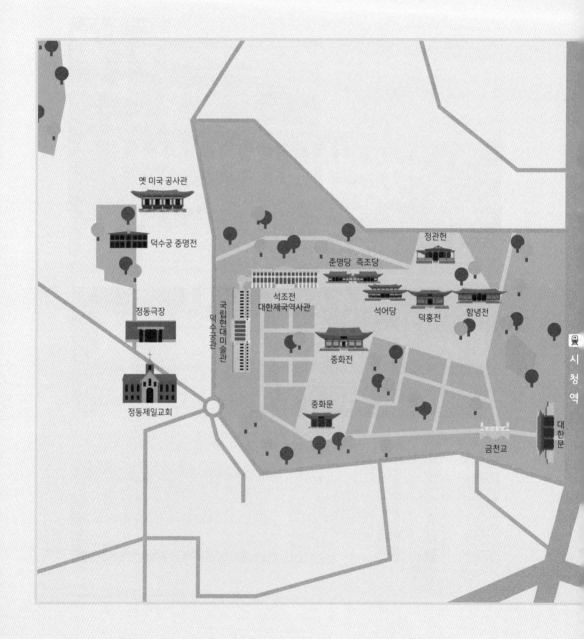

옛 미국 공사관

덕수궁 중명전

정동극장

정동제일교회

국립현대미술관

덕수궁관

석조전
대한제국역사관

준명당 즉조당

석어당

덕홍전

함녕전

정관헌

중화전

중화문

금천교

대한문

시
청
역

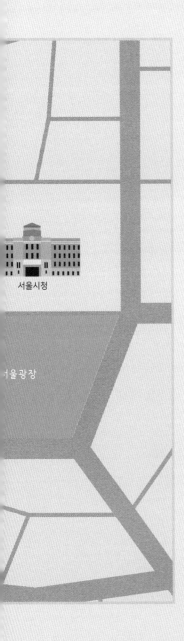

서울시청

서울광장

[서울을 걷다]

덕수궁

걸음마다 근대의 역사가 담긴
추억의 메카 정동길

우리는 덕수궁의 서문 격인 평성문을 통과해 정동으로 들어섰다. 평성문 맞은편이 현재 미국 대사관저이고 오른쪽 언덕길로 올라가면 선원전 터로 이어진다.

"이 언덕길은 덕수궁이 제대로 국력을 갖추고 있을 땐 없던 길이었어요. 1919년 고종황제가 승하하자 일본이 궁궐을 마음대로 잘라서 일반에게 매각했는데 그때 이 길이 뚫리면서 신문로까지 새로 길이 나게 된 것이죠."

"현재의 덕수궁 바깥도 그중 일부는 덕수궁 안이었겠네요?"

"그럼요. 지금 우리가 보는 것보다 훨씬 넓은 궁궐이었지요. 그러고 보니 정동은 박 위원님께도 특별한 장소 아닙니까?"

안 교수의 물음에 빙긋 미소를 띠었다. 사실 정동은 내게 특별한 추억이 어린 곳이다. 예전에는 이곳에 MBC가 있어 스물두 살 때부터 10년이 넘도록 줄기차게 걸어다닌 길이었다. 대한제국의 역사를 조금이나마 알고 보니 그땐 무심히 오갔던 길이 사뭇 다르게 보였다. 게다가 정동길 위쪽 덕수초등학교 자리에 1927년에 세운 우리나라 최초의 방송국인 경성방송국이 있었다는 설명까지 듣고 나니 아는 만큼 보인다는 말을 체감할 수 있었다.

정동길의 추억을 가진 이가 나만은 아닐 것이다. 여기는 그야말로 '추억의 메카 정동길'이 아니던가. 그래서일까, 정동길은 때마다 서울 시민들이 가장 좋아하는 길로 꼽히곤 한다. 정동길이라고 하면 보통은 정동의 갈래 길들을 모두 아울러서 부르곤 하는데 사실 '정동길'이라는 명칭을 가진 길은 따로 있다. 정동로터리에서 경향신문사(옛 문화방송 MBC 사옥)에 이르는 길이다. 우리는 정동로터리로 향했다.

정동의 심장, 정동로터리는 물리적으로나 역사적으로나 정동의 중심이 되는 곳이다. 사방 어디로든 갈 수 있어 탁 트인 느낌이 들고 마음마저 가볍고 자유로워지는 기분이 들었다. 게다가 정동 특유의 돌이 깔린 바닥 길은 걸을수록 '발 맛(?)'을 느끼게 하는 매력을 지니고 있었다. 정동로터리에 서니 역사의 교차로에 서 있는 것 같았다. 사방에 남아있는 건축물과 옛 터는 존재 자체로 당대의 증인들이었다. 시간과 공간을 뛰어넘어 그 어떤 웅변보다 힘 있는 침묵으로 우리에게 전해주는 소리를 들으려면 귀두 개로는 부족했다. 가슴을 열어야 비로소 들리기 때문이다.

정동로터리 바로 앞에는 붉은 벽돌 건물이 예쁘게 느껴지는 정

옛 외교타운 정동의 중심지, 정동로터리

동제일교회가 단아한 자태를 뽐내고 있었다.

"정동제일교회는 우리나라 개신교회 중에서 가장 오래된 교회 건축물로 개신교의 상징적 존재입니다. 대한제국과 나이가 같아요. 단지 예쁜 건축물이라서가 아니라 그 역사성을 인정받아 국가 사적으로 지정됐죠."

"그러고 보니 정동엔 오래된 종교 건물들이 많은 것 같아요. 성공회 성당과 구세군 중앙회관도 있고요."

"네. 지금은 다른 곳으로 이전했지만 한때 러시아정교회도 있었죠. 이 땅에 들어온 서양의 메이저급 종교가 모두 정동에 뿌리를 두었다고 할 수 있습니다. 19세기 말 정동에 미국 대사관에 이어 러시아 대사관이 들어선 이래 외교타운으로 부상하면서 동시에 선교기지의 역할도 하게 되었습니다."

지금도 정동길 주변엔 캐나다 대사관, 뉴질랜드 대사관, 네덜란드 대사관 등이 있으니 외교타운의 명맥이 유지되고 있는 셈이다. 그런가 하면 눈앞의 신아빌딩은 독립신문사가 있던 곳이고, 건너편의 서울시립미술관은 해방 후엔 대법원이었는데 일제강점기에는 경성재판소였고, 그 이전에는 독일 영사관 자리였다고 하니 그 역사가 보통 오래된 건물이 아니었다.

이렇듯 한 장소에 근대의 역사를 응축해서 보여주는 곳이 또 있을까 싶을 만큼 정동은 걷는 걸음걸음마다 역사가 깃들여있는 장소였다.

독립신문사 터를
찾아서

역사적으로 의미가 있는 곳은 건물들만이 아니었다. '터' 또한 중요한 곳이 많았다. 그중에서도 근대사에서 빼놓을 수 없는 곳이 있다. 독립국의 의지를 강하게 반영했던 '독립신문사 터'였다.

"정확한 터가 어디인가를 놓고 설왕설래하지만 유력한 장소는 정동제일교회 건너편에 있는 신아빌딩 자리입니다."

우리는 잠시 걸음을 멈추고 독립신문사가 있던 곳을 가늠해보았다. 독립신문사의 정확한 터가 어디든 간에 몇 백 년도 아니고 고작 120년 전후의 공간조차 정확하게 고증하지 못하는 것을 나라를 빼앗긴 탓으로만 돌릴 수는 없다. 중요한 것은 나라를 되찾은 후에 역사 바로세우기를 제대로 했다면 대한제국의 중요한 역사의 현장인 독립신문사의 터를 추정해야 하는 현실은 없었을 것이라고 생각하니 안타까울 뿐이었다.

"《독립신문》은 우리나라 최초의 순한글신문이었죠? 그래서 중요하다고 알고 있는데요."

"맞습니다. 《독립신문》이 순한글신문이라서 중요한 이유가 한 가지 있고요. 또 하나는 영자지면이 발행되었다는 사실이 중요합니다. 순한글신문은 고종황제가 백성들과 소통하겠다는 의지로 만든 것이고, 영자신문은 세계와 소통하겠다는 뜻으로 만든 거거든요. 《독립신문》을 통해 우리나라 사정을 외국에 소개하는 동시에 외국으로부터 받아들인 새로운 정보를 다시 우리 국민과 소통하기 위한 메신저의 역할을 기대했던 것이죠. 《독립신문》을 서재필 박사가 만들었다고들 알고 있는데 숨은 주역은 고종황제였다고 할 수 있어요. 실제로 활동할 수 있도록 밀어주었던 거죠"

암흑의 시대에 한 줄기 빛과 같은 역할을 했던 《독립신문》. 위험과 압제 속에서도 소신 있는 기사를 쓰고 올바른 목소리를 내며 시대의 변화를 위해 노력했던 《독립신문》의 기자들이 있었기에 가능한 일이었다. 변화는 어느 날 갑자기 일어나는 것이 아니다. 한 장의 사진, 한마디의 말, 한 사람의 작은 의지가 세상을 바꾸는 연쇄반응을 일으킨다. 임계점을 향한 수많은 돌들 중 최초의 돌 하나를 놓는 것, 그것이 바로 변화를 만드는 행동일 것이다.

이별의 길에서
만남의 길로

우리는 덕수궁과 정동길을 걸은 후 다시 서울광장을 향해 발걸음을 옮겼다. 예전에 '덕수궁 돌담길'이라고 불리는 바로 그 길을 걷자니 부부나 연인이 덕수궁 돌담길을 함께 걸으면 헤어진다는 이야기가 떠올랐다. 하지만 아무리 봐도 덕수궁 돌담길은 연인들의 데이트 명소인 듯싶었다. 덕수궁 돌담길의 전설(?)은 그저 전설에 불과한 이야기일까? 덕수궁 돌담길이 왜 이별의 길이 되었는지 물었다.

"사람들이 생각하는 것처럼 그렇게 비극적인 이야기가 있어서는 아니고요. 당시 근처에 대법원이 있었잖아요. 가정법원도 있었고요. 1970년대 말까지만 해도 부부가 나란히 외출할 일이 거의 없던 시절이었으니 부부처럼 보이는 남녀가 정동길을 같이 걸어갔다가 나중엔 따로 걸어 나오는 걸 보면서 추측을 했을 거란 말이죠. 이혼 소송을 하러 들어갈 때는 같이 갔지만 이혼 판결을 받

고 나면 혼자 따로 나왔을 테니까요. 그런 현실에 조금 낭만적인 시각이 곁들여져 이야기가 만들어진 게 아닌가 싶어요."

시간이 흘러 법원은 미술관이 되었다. 물리적 변화만큼이나 세대의 변화도 크다. 중장년층에게 덕수궁 돌담길은 이별의 길이었는지 몰라도 현재 젊은이들에겐 서울에서 가장 걷고 싶은 거리가 되었으니 말이다. 남자가 앞에 서고 여자가 뒤에 따라가던 모습도 사라지고 지금은 대등하게 옆에 서서 걸을 뿐 아니라 손도 잡고 팔짱도 끼고 스스럼없이 애정을 표현하는 모습으로 바뀌었다. 그야말로 이별의 길에서 만남의 길이 된 것이다.

정동 길의 변화는 우리 인식의 변화와 문화의 변화를 보여준다. 이 변화는 한 사람의 의지로 이뤄진 것이 아니다. 이전 세대가 이뤄놓은 것을 우리 세대가 받아 발전시키고 함께 만들어온 것처럼 그것을 이어받은 미래 세대는 새로운 희망을 품고 또 다른 길을 열어가리라.

끊어지는 듯 다시 이어지고, 막히는가 싶으면 어느새 열리며, 끝났구나 싶은 곳에서 새로 시작되는 정동의 길은 과거에서 현재로, 현재에서 미래로 연결된 길이었다. 한 사람 한 사람 개인의 추억이 묻혀있는 곳인 동시에 문화적 · 사회적 · 역사적으로 의미가 있는 곳이기도 했다.

열린 광장,
소통의 도시

출발점이었던 서울광장으로 돌아오자 가장 먼저 눈에 들어온 것은 덕수궁을 막고 있는 벽이었다. 열린 광장에 서자 안과 밖의 경계를 만드는 벽이 더욱 안타깝게 보였다.

벽은 돌로 쌓여진 것이지만, 때로 그 이상의 것이 되기도 한다. 돌덩이에 불과한 벽이 안과 밖을 구분 짓고 계급과 계층을 나누기 때문이다. 안에 있는 자와 밖에 있는 자는 근본적으로 생각이 다를 수밖에 없다. 안을 차지하는 자들이 소수일수록, 안과 밖의 구분이 오래 되고 공고할수록, 끈기 있게 안으로 들어서려고 하는 자와 필사적으로 들어오지 못하게 막는 일이 되풀이된다.

중세사회와 구별되는 근대사회의 시대정신은 보이지 않는, 그러나 분명히 존재하는 벽을 허물어 지식과 권력을 다수와 공유하는 것일 터이다. 갇힌 벽을 열고 광장으로 나가 민의와 인의의 촛불을 드는 일일 것이다.

덕수궁의 벽을 열어 열린 광장으로 연결하자는 것은 단순히 공간을 넓히자는 의미도, 과거로 돌아가자는 뜻도 아니다. 서울광장에서 덕수궁과 정동으로 이어지는 공간은 과거의 전통과 현재의 촛불정신과 미래의 희망이 공존하는 곳이다. 남의 손에 유린되고 왜곡된 채 단절된 공간으로 남겨두기보다 현재의 빛에 비추어 새로운 '삶의 터'로 일궈나가고 싶은 곳이다.

　덕수궁 앞 서울광장은 120년 전 대한제국의 중심이었던 곳이다. 21세기 한국 현대사에서도 중요한 위치를 차지하는 곳이자 조선왕조의 한계를 극복하고 새로운 근대국가인 대한제국을 만들기 위해 노력했던 과정이 담긴 곳이기도 하다. 고종과 함께 새로운 시대를 열어가길 바랐던 이들은 대한제국이 선포될 때 분명 꿈을 꾸었을 것이다. 자신의 자리에서 올바른 신념을 지키고 더 나은 사회를 만들기 위해 최선을 다했을 터였다.

　치열하게 고민하고 행동하는 사람들의 선택에는 그들이 품었던 이상뿐만 아니라 깊은 고뇌도 함께 담겨있기 마련이다. 당시에는 뚜렷한 결과로 남지 않았더라도 역사의 진실은 가려지지 않는다. 오직 그 시대를 치열하게 살아간 사람만이 가질 수 있는 명예로운 진실, 그리고 그 시대가 지난 후에야 증명되는 진실은 반드시 있기 때문이다.

　그렇다면 우리는 어떤 진실을 담아 서울을 만들어가야 할까?

　답은 이곳 서울광장에 있었다. 120년 전 고종황제가 조선왕조

의 한계를 극복하고 진정한 소통을 꿈꾸며 만든 이곳은 120년이
지난 지금, 평화로운 정권교체를 이룬 하나의 징표가 되었다. 이
크고 넓은 곳을 우리의 촛불로 가득 메운 것은 절묘한 역사의 필
연 아닐까.

　그것은 벽을 열어 광장의 역사를 만드는 일이다. 누군가 만들
어주는 역사가 아니라, 강제로 주어진 역사가 아니라, 과거에서
현재로 현재에서 미래로 이어지는 광활한 이야기를 우리가 함께
새롭게 써나가는 일이다. 자유롭게 소통하고 희망으로 충만한 꿈
을 꾸며 광장의 역사를 향해 나아가는 첫 걸음을 떼는 일이 될 것
이다. 저 벽이 열렸을 때 우리의 서울은 어떤 모습일지 상상해보
는 것만으로도 다시 가슴이 뛰었다.

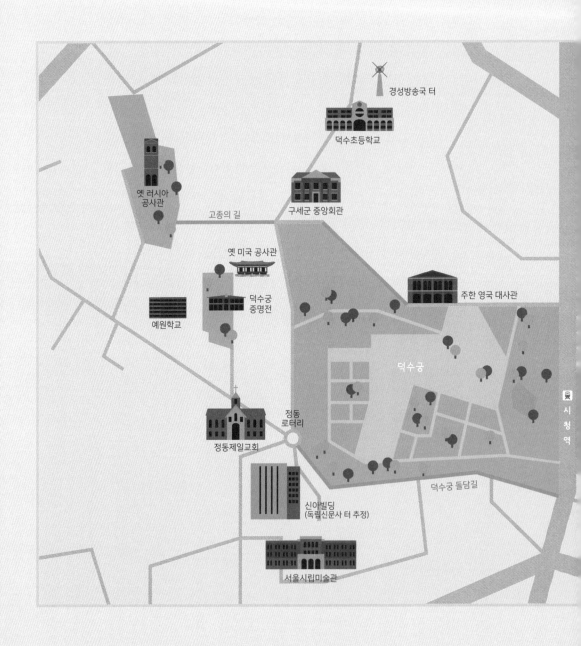

경성방송국 터

덕수초등학교

옛 러시아
공사관

고종의 길

구세군 중앙회관

옛 미국 공사관

주한 영국 대사관

덕수궁
중명전

예원학교

덕수궁

정동
로터리

정동제일교회

덕수궁 돌담길

신아빌딩
(독립신문사 터 추정)

서울시립미술관

시 청 역

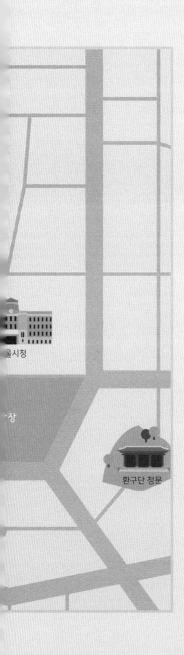

서울시청

-장

환구단 정문

2

공간 속에 깃든
역사성

자연과 인간이
조화를 이룬 곳

서울 곳곳엔 역사적으로나 문화적으로 또 미학적으로 의미 있는 곳이 헤아릴 수 없이 많다. 서울에서만 50여 년을 살면서도 아직 가보지 못한 곳도 많고, 스치듯 지나가버려 아쉬운 곳도 있다. 창덕궁 후원도 그런 곳 중의 하나였다.

기온이 떨어져 제법 쌀쌀했지만 역사의 큰 흐름을 만들어낸 인간의 간절한 마음이 담긴 공간을 만난다는 기대감에 일찍 길을 나섰다. 창덕궁 앞에는 이미 오늘의 동반자들이 영하의 찬 공기가 무색할 만큼 밝은 표정으로 이야기를 나누고 있었다. 든든했다.

창덕궁 걷기에 함께할 동반자는 서울시립대학교 서울학연구소의 박희성 교수였다. 조경학 박사인 데다 정원에 대한 인문학적 사색과 성찰이 뛰어난 분이라 창덕궁 후원에 대한 안내자로 그만한 이도 드물 것이다. 평소 궁금하던 것을 물었다.

"창덕궁만이 가진 의미가 있다면 뭐라고 말할 수 있을까요?"

"사실상 정궁의 역할을 했다는 것이죠. 경복궁이 있지만 임진왜란 이후 불에 탄 데다 오랫동안 비워둔 적이 많았기 때문에 실제 왕들이 더 많이 거주했던 곳이 창덕궁입니다. 자연의 모습을 그대로 살려 독창적인 형태로 만든 후원도 중요한 곳이고요."

창덕궁은 경복궁의 동쪽에 있어 조선시대에는 창경궁과 더불어 동궐(東闕)이라 불렀다. 1405년 태종 때 지었으며 세조 때 후원을 넓혀 15만여 평의 규모로 궁궐의 경역을 크게 확장했다. 조선의 다른 궁궐들처럼 여러 번 화재가 있었으나 다행히도 현재 원형이 잘 보존되어있어 역사적 문화적으로도 중요한 곳이다.

특히 조선 전기에는 경복궁, 조선 후기에는 경희궁과 더불어 양궐 체제를 유지하면서 가장 오랫동안 정궁의 역할을 했다고 한다. 1868년 경복궁이 중건되면서 정궁의 지위를 상실했지만, 1907년 순종이 즉위하면서 황궁이 된 이후 대한제국의 마지막 운명을 함께했던 궁궐이었으니, 이쯤 되면 조선을 대표하는 궁궐로 창덕궁을 꼽아야 하는 게 아닌가 하는 생각이 들 정도였다.

창덕궁 후원은 1997년에 유네스코 세계유산으로 등록되었는데 지금도 많은 관광객이 줄을 서서 기다렸다가 들어갈 만큼 인기가 있다.

창덕궁 안으로 들어서며 박 교수는 창덕궁이 자리 잡은 지세를 설명해주었다.

"서울의 기본적인 지세는 사방에 산이 있는 것이죠. 서울을 옹

창덕궁 인정전

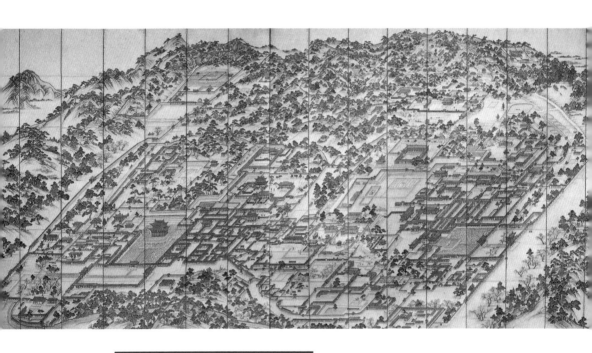

동궐도－창덕궁과 창경궁 조감도, 국보 제249호

립하듯 빙 둘러싼 북한산에서 큰 줄기가 내려와 백악을 이루는데, 그 지맥을 따라 경복궁과 창덕궁이 있죠. 산세에 따라 지형을 변형시키지 않고 자연 속에 안기듯 자리 잡게 한 배치는 자연과 인간의 조화를 중시했던 당시 건축의 표상이라고 볼 수 있습니다."

'조화'라는 말이 유난히 울림을 주었다. 나무숲에 둘러싸인 창덕궁은 온화하고 부드러운 이미지로 다가왔다. 웅장하고 압도적인 궁궐이라기보다 사람 냄새가 나는 삶의 공간처럼 여겨졌다. 자연을 정복의 대상이 아니라 공존의 대상으로 보았던 조상들의 지혜가 새삼 선연하게 다가왔다. 나도 모르게 마음이 탁 놓이면서 긴 안도의 숨을 내쉬었다.

한 쪽으로 치우치지 않고 균형을 잡을 때 우리 삶은 조화로움을 느낀다. 냉철한 이성으로 정의를 외쳐도 그 안에 따뜻한 온기를 잃으면 공허한 말에 불과하거나 자칫 남을 해치는 무기가 되지 않던가. 감정에 치우쳐 논리를 잃게 되어도 설득력을 갖지 못하는 것은 마찬가지다. 주변 환경과 잘 어우러져 있는 창덕궁은 서울의 큰 모습을 그릴 때 '조화'라는 화두를 잊지 말라고 말하는 것만 같았다.

유네스코 세계유산에
등재된 이유

앞서거니 뒤서거니 후원 쪽으로 발걸음을 옮겼다.

"창덕궁 후원을 흔히 비원(秘苑)이라고들 하는데 원래 후원의 이름이 아니라 대한제국기 후원을 관리하는 관서의 명칭이었죠. 그러다가 일반에게 공개되면서 비원이라고 불렸지요."

"후원도 창덕궁 정원의 특정한 이름은 아니었겠네요."

"그렇죠. 건물 이름처럼 정원에도 이름을 붙였으면 어떨까 싶지만 궁궐 뒤에 있다는 의미로 후원(後園)이라고 불렀던 거죠."

"프랑스의 베르사유 정원이나 중국의 이화원, 일본 다이묘 시대의 삼대정원 등 세계에도 유명한 정원이 많지만 그것과 비교해도 창덕궁 후원은 좀 특별하지 않습니까?"

"말씀하신 정원들은 다 훌륭한 정원이지만 누구나 한눈에 알아볼 만큼 인공적으로 만들어졌어요. 반면 창덕궁 후원은 지형과 지맥을 따라 자연스럽게 만든 곳입니다. 창덕궁 궁궐 권역이 만들어진 것과 같은 맥락이죠."

"그게 바로 유네스코 세계유산에 등재된 이유이기도 한가요?"

"네. 사실 유네스코 세계유산이 될 수 있는 기준은 여러 가지가 있는데 그 중에 '문명의 교류'가 있어요. 창덕궁은 동아시아 국가들 간에 공유하고 있는 유교사상의 핵심이 담겨있으면서도 풍수지리를 잘 살린 곳인데요. 그런 교류 양상을 보이면서도 우리나라 고유의 독창성이 돋보여서 세계유산으로 등재될 수 있었죠."

세계유산(World Heritage)은 인류의 소중한 문화와 자연을 보호하기 위해 유네스코(UNESCO)에서 지정한다. 세계유산은 크게 세 가지로 나뉜다. 유적지나 건물, 장소 등 세계사에서 인류 문명의 탁월한 증거가 되는 문화유산과 지질학·지문학적 생성물이나 멸종위기의 동식물 서식처 등 보존 가치가 있는 자연유산, 그리고 문화유산과 자연유산의 특징을 동시에 가진 복합유산이다.

창덕궁은 그중 문화유산에 속한다. 2018년 현재까지 유네스코 세계유산에 등재된 우리나라의 문화유산은 11건에 이른다. 1995년 해인사 장경판전 등재를 필두로 종묘, 석굴암, 불국사가 등재되었고, 창덕궁은 1997년에 등재되었다. 가장 최근엔 2015년 백제 역사유적지구가 등재되었다.

"창덕궁 후원이 특별한 이유는 산세와 지형의 특징을 잘 파악하고 자연경관을 가능한 훼손하지 않은 채 최소한의 손길을 더해서 만든 자연친화적인 정원이기 때문이죠. 물론 건축학적인 면에

서도 세계적인 평가를 받고 있고요. 하지만 이곳이 특별한 이유
는 한 가지가 더 있어요."

"그게 뭔가요?"

"공간의 기능이죠. 이곳은 왕들의 휴식처이자 왕과 신하들이
함께 거닐면서 학문을 논하고 정사를 이끌었던 역사의 현장이었
습니다."

지금 우리가 걷고 있는 바로 이 길이 그런 역사의 현장이었다
고 생각하니 기분이 묘했다. 수많은 일과들이 여기에서 이루어졌
고, 수많은 언어들이 오고 갔을 것이다. 왕의 물음에 때로 무릎을
탁 칠 만한 시원한 대답이 나오기도 했을 터이고, 때로는 할 말을
찾지 못해 쩔쩔매기도 하지 않았을까. 중요한 것은 그들이 그렇
게 '대화'를 나눴다는 사실이다. 일방적으로 왕이 명령을 내리는
게 아니라 질문을 던지고 대답을 듣고, 더 좋은 의견을 구하기 위
해 소통하던 곳.

태초부터 지금까지 인간은 수많은 장소를 만들어왔다. 그러나
가장 가치 있는 장소는 자연경관이 뛰어나거나 탁월한 예술품이
있는 곳이 아니라 소통과 공감을 위해 노력하던 사람들이 하루하
루를 보내던 일상의 공간이 아닐까. 창덕궁 후원은 왕이 홀로 점
유하는 공간이 아니었다. 누군가와 함께 거닐던 공간이었다. 이것
이야말로 세계유산으로서의 창덕궁 후원이 지닌 진정한 미덕이
라는 생각이 들었다.

규장각 주합루 가는 길

부용지 속의
우주

　창덕궁 후원에서 부용지(芙蓉池)로 가는 길은 마치 깊은 산속에 자리한 산사로 들어가는 길처럼 고요하고 운치가 있었다. 그러다 갑자기 전혀 예상하지 못한 경치가 펼쳐졌다. 시작부터 극적인 느낌을 주는 곳이었다. 날씨가 추워서인지 부용지는 살짝 얼어있었다. 부용은 연꽃처럼 아름답다는 뜻인 동시에 연꽃이 많다는 의미이기도 했다.

　"부용지는 언제 만들어졌나요?"

　"1707년 숙종 때 본래 택수재로 지은 것을 1792년 정조 16년에 고쳐 지으며 부용정이라고 했죠. 정면 3간 측면 4간 되는 아(亞)자형의 평면을 기본으로 하였는데 남쪽에 자리 잡은 동산 쪽으로 평면의 일부를 돌출시켜 아(亞) 자의 변형을 이루고 있습니다."

　"정말 단아하고 멋스러운데요. 특히 사각형의 연못과 그 안에 둥근 섬이 있는 게 인상적이에요. 이렇게 만든 이유는 무엇입니까?"

"이런 방식은 우리나라 정원에 많이 보이는 특징으로 우주의 이치를 상징적으로 공간에 구현한 것이라고 볼 수 있습니다. 하늘은 둥글고 땅은 네모지다는 천원지방(天圓地方)설인데, 하늘의 덕성은 원만하고 땅의 덕성은 방정하다는 의미를 품고 있죠. 단순히 생긴 모양만을 의미하는 말이 아니라 우리나라를 비롯한 동방문화권에 널리 퍼진 사상과 관련이 있습니다."

동방문화권에는 '부천모지(父天母地)', 하늘은 아버지요 땅은 어머니니 그 두 기운이 합하여 모든 생명이 태어나 자란다는 사상이 뿌리 깊게 있었는데 이것은 천원지방의 형태로 우리나라 도처에서 찾아볼 수 있다. 고조선의 신화가 깃들어있는 강화도 마니산 제천단도 천원지방형으로 되어있다. 모르고 봤다면 그저 아름다운 연못으로만 보였을 부용지가 새로운 시각으로 보니 우주를 품고 있는 듯 보였다.

부용지 주변엔 영화당, 부용정, 규장각, 사정기비각 네 채의 건물이 의젓하게 자리를 잡고 있었다. 그중 눈에 띄게 아름다운 것은 부용정이었다. 마루 주위에 난간을 곱게 두른 것부터 분합문에 이르기까지 디테일 하나도 놓치지 않은 섬세함이 놀라웠다. 분합문을 다 열어두면 화려한 배 모양이 된다는데 돌기둥 주춧돌 두 개가 물속에 잠겨있는 모습에서는 경관을 끌어들이는 건축의 미를 고스란히 느낄 수 있었다.

부용정과 부용지

박영선, 서울을 걷다

영화당(暎花堂)은 조선시대 과거시험장으로 사용되었던 건물로 영조의 친필 현판이 걸려있다. 영화당 건물 앞쪽의 '춘당대'에서 활쏘기, 말달리기, 과거시험 등이 치러졌는데, 〈춘향전〉에서 이몽룡이 과거를 치를 때 나왔던 시제(詩題) '춘당춘색 고금동(春塘春色 古今同: 춘당대의 봄빛은 예나 지금이나 같도다)'의 춘당이 바로 이곳이다.

풍경이 너무나 아름다워 차마 다른 곳으로 발길을 옮기고 싶은 마음이 들지 않았다. 평소 시 한 줄 읽을 시간조차 없이 바쁘게 살아왔지만, 이곳에서는 없는 시심(詩心)도 생길 것만 같았다.

정조의 개혁의지와
규장각

   홀로 생각에 잠겨있는 나를 흔들어 깨운 것은 새들이 날아간 자리, 규장각이었다. 규장각으로 발걸음을 옮기며 우리는 정조와 규장각에 대한 이야기를 나누었다.

   "규장각은 정조와 떼려야 뗄 수 없는 곳이겠죠? 규장은 어떤 뜻인가요?"

   "규장각의 규(奎)는 28수 별자리 중 문운(文運)을 관장하는 별이고, 장(章)은 문장 또는 밝다는 뜻이죠. 규장이란 임금의 글을 지칭하는데, 규장각은 임금의 어제, 어필 등을 보관하는 서고를 말합니다. 정조가 즉위하자마자 짓게 한 곳이 규장각이에요. 중층 누각의 경우 아래층을 각(閣), 위층을 루(樓)라 하기에 규장각(奎章閣) 주합루(宙合樓)라고 하죠. 주합루는 뜻 그대로 우주와 합일한다는 뜻이에요. 현판은 정조가 직접 쓴 글씨예요."

   규장각은 원래 숙종 때 어제(왕이 지은 글)와 어필(왕의 글씨)을

규장각 주합루

봉안하기 위해 지은 작은 건물이었다. 정조가 규장각을 공식 정부기관으로 확장하면서 창덕궁 후원 중에서도 가장 경치가 아름다운 곳에 자리 잡았는데 기존의 어필은 물론 국내외 방대한 도서를 수집하고 정리하며 도서를 간행했다.

규장각을 설치했을 무렵 국내서적 약 1만여 점, 중국서적 약 2만여 점을 소장하고 있었고 역대 임금의 글과 그림을 보관하는 곳과 중국서적을 보관하는 곳을 따로 두었다고 하니 그 규모가 얼마나 컸는지 짐작할 수 있다. 어마어마한 규모만큼이나 이곳은 당대 최고의 인재들이 모여있던 곳이라고 해도 과언이 아니었다.

"정조는 규장각 학자들에게 몇 가지 근무 수칙을 내렸다고 해요. 손님이 오더라도 일어나지 말고, 근무 중에 관을 쓰고 의자에 앉아있으며, 대관이나 대제학이라도 전임 각신이 아니면 각실의 마루에 오르지 말 것이며, 모든 각신은 근무 중에 공무가 아니면 청을 내려가지 말라고 했답니다."

"개혁을 추진할 신하들을 위해 섬세한 배려를 한 것이군요."

"네. 이런 면모만 봐도 정조가 규장각 신하들을 얼마나 아꼈는지 잘 알 수 있죠."

정조의 개혁의지가 규장각과 주합루에 그대로 녹아있는 것처럼 느껴졌다. 규장각으로 올라가는 입구에는 어수문(漁水門)이 있었다. 물고기와 물의 문이라. 물가에 있어서 그런가 보다고 단순하게 생각했지만 어수문에는 그보다 깊은 뜻이 있었다.

"어수(魚水)는 물과 물고기라는 뜻으로 임금과 신하를 말합니다. 보통 우리가 제대로 된 환경을 만났을 때 '물 만났다'고 하잖아요. 물과 물고기는 서로에게 도움이 되는 존재죠."

정조도 신하를 그런 마음으로 보지 않았을까. 최고로 높은 신분이라고 한들 신하와 백성이 없는 왕이 무슨 소용이 있었으랴. 지금이야 왕도 백성도 사라진 세상이지만 사람과의 관계는 여전히 물과 물고기의 관계와 유사한 듯싶다.

아무리 문명이 고도로 발달해도 사람에게는 인정을 나누고 뜻을 함께할 사람이 필요하다. 원만하게 어울리며 서로가 서로에게 도움이 되는 상호보완의 관계를 넘어서 상대가 없으면 나도 없다는 공존의 의미가 절실한 시대다. 함께 걷는 사람들과 주거니 받거니 대화를 하다 보니 소통의 즐거움과 소중함이 더 크게 느껴졌다. 그러고 보면 소통과 관계의 중요성은 시간과 공간을 뛰어넘는 것이 틀림없다. 정조 때도 지금도 그것은 한결같이 유효한 것이니 말이다.

애련지에 서린
마음

부용지에서 후원의 더 안쪽으로 들어갔다. 이어지는 담장 가운데 디근 자 모양의 아치형 돌문인 불로문(不老門)이 있다.

"불로문? 여기를 지나면 늙지 않는다는 뜻인가요?"

"그렇다면 좋겠지요? 무병장수를 뜻하는 문이니 지나가는 것만으로도 건강과 장수를 누릴 행운이 올지도 모르겠네요."

함께 걷는 분들의 무병장수를 기원하며 불로문 안으로 들어서자 석축으로 정갈하게 다듬어진 연못이 나왔다. 건너편에는 단청으로 화려하게 장식된 정자가 보였다. 애련정이었다. 지붕이 육중하게 내리누르는 모습이 애련지의 당당한 주인처럼 보였다.

"애련지(愛蓮池)라는 이름은 송나라 주돈이가 쓴 천하의 명문 〈애련설〉에서 숙종이 따와 붙인 거예요. 연꽃은 더러운 곳에 있으면서도 오염되지 않고, 멀리 갈수록 향기는 맑아지니 군자의 꽃이라고 할 만하다는 내용이지요."

박영선, 서울을 걷다

불로문

애련지에서 바라본 애련정

숙종은 나라와 백성을 생각하는 자신의 심정을 담아 애련정 기문을 남기기도 했다. 애련지를 보며 숙종은 어떤 생각을 했을까.

　　조선의 왕인들 하루의 일과가 어찌 고단하지 않았을까. 정사의 무게보다 더 무거운 곤룡포의 무게를 견디느라 말 한마디 손짓 하나도 마음 내키는 대로 할 수 있었을까. 겉으로 드러낸 말보다 속으로 삼킨 말이 더 많지 않았을까. 그가 정말 하고 싶었던 말은 애련정 기문의 행간에 숨어있는 것은 아닐까.

　　애련지의 분위기 때문일까, 정치인으로서의 내 모습이 어떤지 저 맑은 물에 한번 비추어 보고 싶었다. '더러운 곳에 있으면서도 오염되지 않고, 멀리 갈수록 향기는 맑아지니 군자의 꽃'이라는 주돈이의 글이 한층 엄격하게 다가오는 듯했다.

빛의 공간 연경당과 조선의
마지막 희망 효명세자

애련지를 떠나 도착한 곳은 연경당이었다.

"궁궐 안에 민가가 있다니 특이하네요."

"네. 이것 또한 창덕궁만의 특징인데 효명세자가 부왕인 순조를 위해 지은 집이었지요. 전형적인 상류층 저택의 구조를 잘 보여주는 곳입니다."

연경당의 첫인상은 '빛의 공간'이었다. 특히 뜰에 들어서자 어찌나 환하던지 안팎으로 빛이 가득 차오르는 느낌마저 들었다. 영하의 날이 무색할 만큼 따사로운 빛이었다.

"여기 이렇게 뜰에 서 있으니 평온하고 참 좋네요."

"보통 우리 건축에서 뜰은 비워두었지요. 단순하게 그냥 비워두었던 건 아니고 비워둠으로써 빛이 가득 들어오는 이치를 잘 활용했기 때문입니다. 뜰 안의 빛이 반사되어 집안이 환하게 되는 효과도 있었으니까요."

빛의 공간, 연경당

연경당(演慶堂)이라는 이름은 '경사(慶事)가 널리 퍼진다'라는 뜻인데 말 그대로 이 집을 지은 효명세자는 부모님을 위해 이곳에서 큰 잔치를 여러 번 열었다고 했다.

효명세자는 22대 정조의 손자이자 23대 순조와 순원왕후의 원자로 효명세자가 태어났을 때 순조는 "백 년 만에 처음 있는 경사"라고 할 만큼 기뻐했다고 한다. 정식 왕후 소생의 적장자가 태어난 일은 숙종 이후 처음이기 때문이었다.

총명했던 효명세자는 할아버지 정조를 쏙 빼닮았다고 하는데 정치적인 목표도 분명해 대리청정을 시작하자마자 개혁을 시작했다. 당시 권세가 하늘을 찌르던 안동 김씨를 징계하면서 소론과 남인, 북인을 등용했다.

그러나 안타깝게도 대리청정을 시작한 지 3년 3개월 만에 22세의 젊은 나이로 세상을 떠나고 말았다. 그는 비록 생전엔 왕위에 오르지 못했지만 양자인 고종에 의해 문조익황제(文祖翼皇帝)로 재추존되었고, 추존왕들은 종묘 영녕전에 모신다는 관례를 깨고 유일하게 정전에 위패가 모셔진 왕이기도 하다.

효명세자는 개혁가이기도 했지만 탁월한 예술가이기도 했다. 직접 안무를 하기도 하면서 조선시대 궁중무용을 집대성하는 데 크게 공헌했다. 봄 꾀꼬리가 노는 것을 보고 창작했다는 춘앵전, 모란꽃을 들고 추는 대표적인 궁중무용 가인전목단, 고구려무, 향령무, 장생보연지무 등을 다듬어 조선시대 궁중무용의 황금기를 이끌었다.

　이성과 감성을 두루 갖추었던 효명세자가 죽지 않고 왕이 되어 개혁정치를 넓고 크게 펼쳤다면 조선 후기의 모습은 어떻게 달라졌을까? 훗날 사람들이 효명세자를 가리켜 '조선의 마지막 희망'이라고 부른 것이 그 답이 되지 않을까.

　연경당은 오후 늦게까지 빛으로 가득했다. 빛의 걸음걸이를 따라 우리도 함께 걸으며 효명세자가 펼치고자 했던 개혁의 마음을 떠올려보았다. 그가 꿈꾸었던 세상은 복잡하고 어려운 것이 아니었을 것이다. 따뜻한 국밥 한 그릇 나눠 먹으며 함께 온기를 쬘 수 있도록 기꺼이 자기 자리를 내어주는, 그런 세상이었을 것이다.

문조(효명세자) 어진 훼손본
(국립고궁박물관 소장)

박영선, 서울을 걷다

쌀이 밥이 되는
시간

　우리는 옥류천 지역으로 이동했다. 분명 도시 속 궁궐 안을 걷고 있었지만 숲 한가운데를 걷는 듯 자연의 기운을 듬뿍 느끼고 있었다. 잘 자란 나무들 사이를 걷노라니 시간마저 천천히 흐르는 듯했다.

　"서울 한복판에서 심산유곡의 기운을 느낀다는 것이 정말 특별하네요. 전혀 아무것도 없을 것 같은 곳에 또 다른 공간이 펼쳐지는 것이 참 신비롭기도 하고요."

　"그게 창덕궁이 주는 묘미지요. 이곳에 오는 외국인들도 연신 '원더풀! 뷰티풀!'만 외치지요. 분명한 목적을 갖고 지은 궁궐이지만 자연을 그대로 살려낸 것은 우리 조상들의 탁월한 안목이 아닌가 싶습니다."

　뛰어난 안목을 가졌던 선현들의 후손이니만큼, 우리도 앞으로 서울의 재생을 말할 때 이런 선조들의 지혜와 안목을 더 잘 살려

내면 좋겠다는 생각이 들었다. 귀하고 좋은 진품을 볼 수 있는 것을 안복(眼福)이라고 한다는데 창덕궁에서 안복을 제대로 누려보는 호사를 가진 셈이었다.

옥류천(玉流川)은 창덕궁 후원에서도 가장 깊숙한 골짜기에 자리 잡고 있었다. 골이 깊고 물이 많아 천(川)이란 이름을 갖게 되었는데 옥류천을 이처럼 아름답게 꾸민 왕은 인조였다.

"옥류천의 백미는 유상곡수입니다. 인조 때 소요암 바위를 깎아 그 위에 홈을 파서 둥글게 휘도는 물길을 만들어 술잔을 띄웠죠. 여기에 술잔을 띄우고 시를 짓는 유상곡수연을 벌이기도 했답니다. 창덕궁 후원은 어디를 가나 아름답지만 그중에서도 특히 손에 꼽을 수 있는 곳입니다. 저기 보이는 옥류천이라는 글자는 인조의 친필이에요."

바위에 새겨진 한시는 옥류천 주변의 폭포 경치를 보고 숙종이 지은 오언절구 시라고 했다. 박 교수가 천천히 해석해주었다.

흘러내리는 물길 삼백 척이	飛流三百尺
아득히 먼 하늘에서 내려오네	遙落九天來
보고 있자니 흰 무지개 일어나고	看是白虹起
골짜기마다 우레 소리 가득하네	飜成萬壑雷

박영선, 서울을 걷다

소요정, 옥류천, 청의정 지붕

"실제로 폭포가 삼백 척 높이는 아니었겠지만 확 떨어지는 모습이 느껴져요. 물이 많을 땐 장관이었겠네요. 유상곡수는 경주 포석정과도 비슷한 것 같은데 언제부터 유래된 것인가요?"

"4세기 무렵 중국 동진의 유명한 문필가였던 왕희지가 난정에서 물 위에 술잔을 돌리며 연회를 베푼 데서 기원이 되었다고 하죠. 동아시아 문명권에서 볼 수 있는 귀족이나 상류층의 놀이문화 중 하나였지요."

옥류천에는 정자가 유독 많았는데 그중 지붕에 이엉을 얹은 청의정(淸漪亭)이 있었다. 맑은 잔물결이라는 뜻을 가진 정자의 팔각지붕이 몹시 아름다웠다. 눈길을 끈 것은 청의정 옆에 있던 논이었다. 궁궐 안에 농지를 만들어 농사를 지었던 이유는 뭘까? 농사를 생산의 근본으로 삼는 조선이었으니 임금이 몸소 농사를 지음으로써 그 중요성을 강조했던 것이리라.

새삼 쌀이 밥이 되기까지의 시간을 떠올려보았다. 땅을 고르고 볍씨를 키우고 모내기를 하고 추수를 하기까지 드는 노동의 품도 품이지만 홍수나 가뭄에 바짝바짝 타들어가는 심정은 농사를 지어보지 않으면 상상조차 하기 어려운 일이다.

오늘날 당연하게 누리고 있는 민주주의도 이루 헤아릴 수 없이 많은 분들의 피와 노력으로 만들어진 것이다. 더 나은 사회를 만들고자 했던 마음 하나로 인생을 투신했던 그들의 헌신이 있었기에 나도 이 자리에 설 수 있었다고 생각한다.

창덕궁 안에서는 찬탄과 감탄의 연속이었지만 창덕궁을 나올 때 묵직한 질문이 남았다. 창덕궁은 시간마저 멈춘 듯 여유롭고 아름다운 곳이었지만 한낱 아름다움에 취하고 마는 곳은 아니었다. 개혁을 꿈꾸었던 정조와 효명세자의 넋이 깃든 그곳에서 현재 우리가 딛고 선 이곳을 어떻게 변화시켜야 할지 공간 속에 깃든 역사성을 치열하게 묻는 곳이었다. 그리고 이 질문에 어떤 식으로든 응답해야 한다는 의무감을 느끼게 하는 곳이었다.

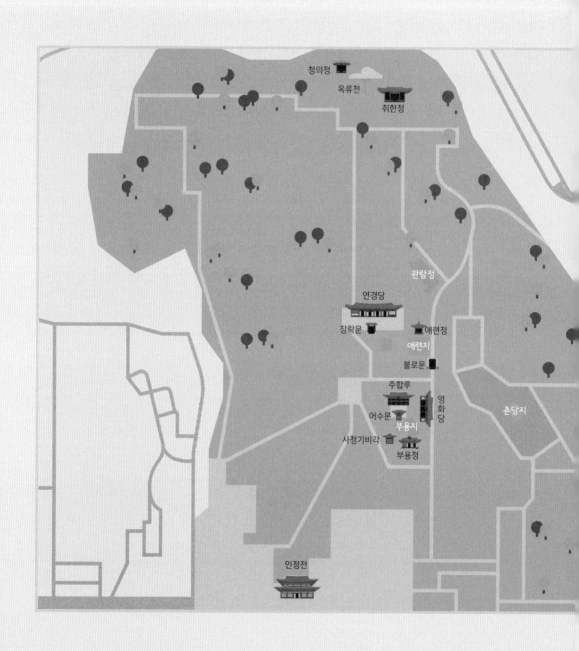

청의정

옥류천

취한정

관람정

연경당

장락문   애련정

애련지

불로문

주합루   영화당

어수문   부용지

사정기비각   춘당지

부용정

인정전

[서울을 걷다]

창덕궁 후원길

3

궐궁 도시
골목 도시

큰 복을
누리라

경복궁을 가기 전날 비가 많이 내려 걱정했는데 당일 아침에는 햇빛이 화창했다. 비가 갠 후의 청량함은 경복궁에서 삼청동으로 이어지는 길을 걷기로 한 일정에 딱 들어맞는 날씨였다. 경복궁 앞에는 첫 회부터 꾸준히 오시는 분도 있었고 새로운 얼굴들도 있었다.

경복궁과 삼청동 길을 함께할 분은 한국예술종합학교의 김봉렬 총장이었다. 우리나라 고건축에 대한 해박한 지식은 물론 역사 공간을 현대적으로 해석해내는 데 타의 추종을 불허하는 분이라 기대가 컸다. 우리는 광화문에서 경복궁을 바라보며 오늘의 이야기를 시작했다.

"경복궁은 조선왕조가 건국했을 때 처음 세워진 법궁이지요?"

"맞습니다. 경복궁은 조선왕조의 법궁(法宮, 정궁)으로 1395년 태조가 창건했어요. '경복(景福)'은 《시경(詩經)》에 나오는 말인데 왕과 자손, 온 백성이 큰 복을 누리길 바라며 태평성대를 축복한다는 의미입니다. 임진왜란 때 불에 타는 바람에 정궁의 임무를 창덕궁에 넘겨주었다가 1865년 고종 때 흥선대원군이 집권하면서 복원한 거죠."

내가 어릴 때만 해도 경복궁 안에 국립중앙박물관이 있었다. 그 건물이 바로 일제강점기의 조선총독부 건물이었다. 한 나라의 정궁 안에 조선총독부를 지었으니 침략자의 고약한 처사가 한눈에 느껴지는 대목이다. 1990년대부터 총독부 건물을 철거하는 등 복원사업을 벌인 덕에 현재는 복원작업이 부분적으로나마 완료된 상태였다.

"창덕궁에 갔을 때 자연을 훼손하지 않으면서도 한국적인 미를 살린 점이 굉장히 인상적이었습니다. 경복궁만의 특징이라고 할 수 있는 것은 무엇일까요?"

"건축학상의 특징도 있지만 아무래도 상징적인 의미가 강한 곳이죠. 한마디로 말하면 '왕권회복'이라고 할 수 있을 겁니다. 애초에 만들어진 것도 조선 건국과 함께였고, 흥선대원군이 재건한 것도 왕권의 회복을 위해서였고요."

"재건할 때 원래 모습 그대로 살렸나요?"

"원래 경복궁의 크기보다 두 배 정도 크게 지어서 거대한 궁궐을 만들었죠."

"왕권강화를 위한 바람이 섞여 있어서였을까요?"

경복궁 전경

"그러지 않았을까요. 왕권이라는 것이 고대 중국에서 특히 강했기 때문에 궁궐 법도도 고대 중국의 제도를 따라가기 마련이었죠. 그런데 흥선대원군이 경복궁을 재건한 건 19세기 말이었잖아요. 전 세계가 근대화와 산업화의 거센 물살 속에 있던 시기였는데 그때 우리는 쇄국정치를 펴면서 오히려 역사를 거슬러가는 시대착오적인 시도를 한 거죠. 이것을 어떻게 보느냐는 학자마다 의견이 다르겠지만요. 그런데 한 가지 흥미로운 건 경복궁을 재건하는 과정에서 주변이 정리되었다는 거예요. 요즘 말로 하자면 도시재생의 효과가 생긴 거죠."

도시재생이라는 말에 귀가 번쩍 뜨였다. 전공이 도시지리학이어서인지 도시재생이라는 주제에 대해선 나 또한 누구보다 관심이 많았기 때문이었다. 특히 서울과 관련한 도시재생은 내가 화두처럼 붙잡고 있는 문제이기도 했다.

"1860년대에 이뤄진 도시재생 덕에 지금 이 자리가 서울의 중심으로 자리를 잡게 되었네요!"

한 나라의 탄생과 함께 태어나 그 긴 역사 동안 인간의 흥망성쇠를 지켜봐 온 이곳은 조선왕조 500년 동안에도 서울의 중심이었고, 이후 100년 동안에도 서울의 심장이었던 곳이다. 새 왕조의 기틀을 세우기 위해 선택된 서울과 경복궁은 지형과 지세에 맞춰 풍수지리 사상에 따라 선택된 곳이었지만 철저한 도시계획을 바탕으로 건설된 곳이었다.

"경복궁은 청룡, 백호, 주작, 현무를 상징하는 네 개의 산이 둘러싸고 있죠. 북쪽 방위를 지키는 현무에 해당하는 북악산, 서쪽 방위를 지키는 백호에 해당하는 인왕산, 남쪽 방위를 지키는 주작에 해당하는 남산(원이름 목멱산), 동쪽 방위를 지키는 청룡에 해당하는 낙산이지요."

　경복궁을 둘러싼 늠름한 산들 때문인지 궁궐의 터에서부터 경복궁은 남다른 면모를 과시하는 것 같았다.

궁궐 도시
서울

우리는 경복궁에서 삼청동 쪽으로 걷기 시작했다.

"경복궁엔 전각들이 지금보다 훨씬 많았는데 일제가 1915년
에 한일병탄 5주년에 맞춰 박람회를 열면서 전각들을 멋대로 팔
아버리고 전시장을 만들었죠. 주로 일본 민간인들이 사서 일본으
로 옮겨가기도 하고, 서울 시내 요정으로 이용했다고도 합니다."

덕수궁도 그랬지만 일제는 체계적이고 조직적으로 궁궐을 파
괴했다. 왕가의 상징을 몰살해버리려는 의도였을 것이다. 경복궁
이 횅할 정도로 넓게 느껴지는 것도 일제가 수많은 전각들을 다
부수고 없앴기 때문이었다.

"경복궁은 4천 명 정도의 사람들이 살 수 있을 만큼 큰 규모를
지닌 곳이었어요. 읍 하나 정도 되는 규모죠. 그 정도로 건물이 많
았는데 일제가 거의 다 파괴하고 조선총독부를 세우면서 8% 정
도만 남았죠."

박영선, 서울을 걷다

"1990년대에 시작된 복원사업은 몇 퍼센트 정도까지 이른 건가요?"

"약 40%는 복원됐지만 완벽한 복원은 어렵겠죠. 복원한다고 한들 지금은 왕조시대도 아니기에 어떻게 활용할지가 논쟁이 되고 있지요."

삼청동으로 꺾어 들어가는 길에 동십자각이 보였다. 분명 경복궁과 연관 있어 보이는데 지금은 길 한가운데 섬처럼 떨어져 있었다.

"원래는 담장이 연결되어 있었어요. 거기까지 다 경복궁 경내였는데 담장을 헐어버리고 길을 만들면서 지금처럼 길 한가운데 덩그러니 떨어져 있게 된 겁니다. 동십자각이라는 이름에서 알수 있듯 서십자각도 있었는데 일제가 헐어버린 거죠. 경복궁의 경계는 동십자각까지 연장되어야 합니다."

덕수궁처럼 경복궁도 복원을 한다면 지금과는 상당히 다른 모습이 될 터였다. 그러고 보면 서울은 '궁궐 도시'라는 이름을 붙여도 이상하지 않을 만큼 궁궐과 함께 존재하는 도시였다. 경복궁을 중심에 놓고 동쪽엔 창덕궁과 창경궁이 있고, 서쪽엔 경희궁과 덕수궁이 있다.

경복궁, 창덕궁, 창경궁, 경희궁, 덕수궁까지 서울 도심에 있는 5대 궁궐만으로도 서울은 충분한 문화적 역사적 가치가 있는 곳이다. 서울의 궁궐들은 철마다 때마다 다른 모습을 보여준다. 봄

여름가을겨울 사계절이 다르고, 아침과 밤에 보는 것 또한 다르
다. 세계 어느 도시를 가도 중요한 의미가 있는 궁궐이 도심에 다
섯 개나 모여있는 곳은 없다. 전통을 잘 보존하면서도 현대의 특
성까지 살려 궁궐 도시로서의 면모를 잘 살린다면 세계 어느 곳
에도 없는, 서울만의 독보적인 문화코드가 될 수 있을 것이다.

일제가 1915년 박람회를 열기 위해 전각들을 팔아버린 자리

박영선, 서울을 걷다

경복궁이 휑할 정도로 넓게 느껴지는 것은 일제에 의해
수많은 전각들이 파괴되었기 때문이다.

국립민속박물관이
말을 한다면?

오후의 날씨는 따사로웠다. 시민들과 이야기를 주거니 받거니 하다 보니 어느새 국립민속박물관 앞에 다다랐다.

"지금 민속박물관이 있는 자리는 원래 역대 왕들의 어진을 모시던 선원전이 있던 자리였어요. 궁궐에서도 가장 신성시되던 장소였죠. 하지만 1966년에 건축물이 만들어지면서 논란이 많았어요. 우리나라 대표적인 문화재들을 짜깁기하여 만든 것인데 우리가 우리 손으로 문화적 만행을 저지른 것이나 다름없다고 봐요."

현재 국립민속박물관의 외관은 우리나라 대표적인 국보급 문화재들을 여기저기에서 따온 것이라고 했다. 기단 상부의 5층 건물은 법주사 팔상전을, 3층 건물은 금산사 미륵전을, 2층 건물은 화엄사 각황전을 콘크리트 구조로 재현한 것이라 했다. 기단 위에 있는 난간은 경복궁 근정전에서, 계단은 불국사의 청운교와 백운교에서 따온 것이라고 한다.

"어떻게 이런 일이 가능했던 건가요?"

"5·16 이후 민정이양을 했지만 직업군인 출신 기관장들이 많은 군사정권이었지요. 박물관을 만들 때 조선시대 걸작 중에서 몇 개를 골라 그대로 만들라는 막무가내 주문을 한 거죠."

당시 문화재관리국은 국립중앙박물관 설계와 관련해 '건물 자체가 어떤 문화재의 외형을 모방함으로써 콤퍼지션 및 질감이 그대로 나타나게 할 것이며 여러 동이 조화된 문화재 건축을 모방해도 좋다'고 규정을 정했다. 당시 건축계와 문화계는 전통의 계승이 아니라 왜곡이라며 거세게 반발했다. 취지부터 논란이 많았기 때문인지 2013년에는 해방 이후 최악의 건물들 20위 중 15위에 선정되기도 했다.

"문제는 외관만이 아니에요. 기능도 이해 안 되는 면이 많죠. 내부전시관만 둘러볼 수 있을 뿐, 기단 윗부분의 넓은 외부 공간을 자유롭게 다닐 수가 없거든요. 에펠탑이나 루브르박물관의 유리 피라미드도 처음엔 국적불명인 최악의 디자인이라는 비판을 받았지만 시간이 지날수록 문화적 아이콘으로 인정받게 되었죠. 왜 그럴 수 있었을까요? 많은 사람들이 방문하면서 친숙해졌기 때문이죠. 하지만 우리 국립민속박물관 건물은 사람들이 자유롭게 둘러볼 수도 없는 구조예요. 심지어 사람들은 이게 어떻게 만들어졌는지도 잘 모르죠."

국립민속박물관

박영선, 서울을 걷다

문득 이런 생각이 들었다. 국립민속박물관이 말을 한다면 어떤 심정을 토로할까?

　가장 안타까운 것은 외세의 강압에 의해서도 아니고 우리가 이런 기형적인 행태를 벌였다는 것이었다. 국립민속박물관을 지을 때 관련된 사람들이 스스로 어떤 일을 하고 있는지 그 의미를 제대로 생각했더라면 과연 이런 일이 벌어졌을까? 그 일을 맡았던 사람들은 그저 열심히 도면을 그리고, 힘껏 콘크리트를 붓고, 정성껏 단청을 칠하고, 안전을 지키느라 최선을 다했을 것이다. 그러나 '어떤 결과가 나올지 나는 몰랐다'는 항변이 역사 앞에 과연 떳떳할 수 있을까. 자기가 어떤 일을 하는지 알아야 하는 이유는 자명하다. 성찰 없는 열정이 맹목이나 무지와 만날 때 결과적으로 끔찍한 일을 저지를 수 있기 때문이다.

　그러니 올바른 방향을 볼 줄 아는 리더란 얼마나 중요한 존재인가. 전체를 바라보고 끌고 가는 리더가 바른 역사관을 갖고 있었다면 적어도 이런 우스꽝스러운 일은 막을 수 있지 않았을까. 아니, 애초에 이런 발상은 시도조차 하지 않았으려나.

　말없이 지난 시간을 감내하며 서 있는 국립민속박물관이 말을 한다면 이렇게 이야기하지 않을까. 우리는 어떤 식으로든 우리가 하는 일에 책임이 있다고. 그렇기에 우리가 몸담고 있는 사회와 역사에서 자유로울 수 없다고. 그것이 일상의 삶에도 역사관이 필요한 이유라고.

가슴에 쉼표를
품게 하는 동네,
삼청동

민속박물관에서 길을 건너 삼청동으로 향하는 길을 걷기 시작했다.

"지금 삼청동으로 가고 있는데요, 이름부터 참 시원하죠?"

"삼청은 산이 맑고(山淸), 물도 맑으며(水淸), 그래서 사람의 인심 또한 맑고 좋다(人淸)는 뜻을 지니고 있습니다. 삼청동(三淸洞)이라는 이름은 도교의 '삼청전'에서 유래되었지요."

졸졸졸 흐르는 샘물 같은 골목길을 따라 걷노라니 민속박물관에서 느꼈던 답답한 마음들이 조금씩 풀리는 듯 딱딱하게 굳어 있던 사람들의 표정이 한결 편안해졌다. 발걸음도 느려지고 여유로워졌다. 새삼 공간이 주는 힘에 놀라고 말았다. 우리가 어디에 있느냐에 따라 생각도 감정도 달라지는 것 같았다.

공간은 단순한 장소 이상의 의미가 있었다. 덕수궁과 정동, 창덕궁과 경복궁에서 미묘하게 느꼈던 공간의 힘을 삼청동에서 정점을 찍는 것 같은 기분마저 들었다. 삼청동이 가진 어떤 특별함 때문일까? 예전의 장소와는 뭐가 달라서일까?

"삼청동엔 유난히 예쁜 곳이 많지요. 가게가 예뻐서일까요? 동네가 예뻐서일까요? 골목길이 예뻐서일까요?"

"삼청동에선 천천히 걸어야 돼요. 빨리 걸으면 손해예요. 놓치는 게 많거든요."

다들 삼청동에 대한 기대가 큰 듯했다. 좋은 공간은 좋은 사람과 닮았다. 만나면 만날수록 정이 들고 자주 보고 싶어진다. 우리는 공간 속에서 소통하고 연대한다. 우리가 머물고 만나고 살고 즐기는 공간에는 우리 자신의 사고와 감정과 이상과 현실이 반영된다. 그렇기에 공간은 물리적 장소 이상의 의미를 갖는다. 공간은 그 자체로 존재하지만 그것을 보는 사람에 따라 달라지기도 한다.

삼청동 가는 길은 느긋했다. 서두를 것도 없었고, 재촉할 사람도 없었다. 정해진 시간이야 지난 번 답사와 비슷했지만 이상하게도 마음에 여유가 생겼다. 맑은 시냇물에 발목을 담그고 쉬면서 도란도란 이야기를 나누는 기분마저 들었다. 가슴 안에 잠시 쉼표를 품어보라고, 삼청동이 살그머니 말을 거는 듯했다.

담 장 없 는
미 술 관

국립현대미술관 서울관에 다다랐다. 서울관은 무형의 미술관, 군도형 미술관, 열린 미술관의 세 가지 주제로 설계되었는데 삼청동의 초입인 소격동에 자리 잡고 있다.

"여기가 예전에 국군서울지구병원이 있던 곳이지요?"

"네. 그리고 이후엔 기무사였죠."

기무사, 즉 국군기무사령부는 대한민국 국방부 직할 수사정보 기관으로 1974년부터 2008년까지 삼청동에 있다가 2008년 경기도 과천시로 이전했다. 미술관으로 바꾸면서도 기무사 건물 자체는 그대로 보존해 현재 입구와 로비, 미술관 사무실 등으로 쓰이고 있었다.

빨간 벽돌 건물을 그대로 살렸기 때문일까. 영국의 테이트 모던이 떠올랐다. 비록 전시공간으로 쓰이지 않는다고 해도 기무사 건물이 시간이 흐른 뒤 미술관의 정문이 되었다는 데 역사의 진전이 느껴졌다. 자유억압이란 상징적 역사성을 그대로 간직하면서도 무한한 자유와 예술을 표현하는 미술관 공간으로 재탄생된 곳이기 때문이다.

미술관에는 젊은 친구들이 삼삼오오 짝을 지어 몰려있었다. 이들은 자신들의 눈앞에 보이는 국립현대미술관이 어떤 역사를 품고 있는지 알고 있을까? 파란 하늘 아래 유유자적하게 보이는 이곳도 속속들이 들여다보면 우리 근현대사를 관통하는 이야기를 품고 있다.

국립현대미술관 서울관의 두드러진 특징은 열린 미술관이라는 점이다. 우선 담이 없다. 입구는 있지만 열고 닫는 문은 따로 있지 않다. 누구나 들어올 수 있고 지나갈 수 있다. 골목길을 걷다가 마음이 내키면 미술관으로 들어가고, 미술관에서 나오면 또 다른 골목길로 자유롭게 갈 수 있다. 담을 만들지 않고 열어둔 일은 우리나라 문화시설 중에서도 모범적인 사례로 꼽힐 만하다. 도시재생과 연관해서도 개발과 보존이 잘된 곳이라고 볼 수 있을 것이다.

"와, 여기 분위기 참 좋네요! 시내 한복판에 이런 미술관이 있다는 것만으로도 서울이 달라 보여요."

"날 따뜻해지면 마당을 맨발로 걷고 싶어요."

담장이 없는 것이 특징인 국립현대미술관 서울관

박영선, 서울을 걷다

사람들도 미술관이 만들어내고 있는 공간의 분위기에 매혹된 듯했다. 속도를 늦추고 가던 길을 멈춘 채 바라본 미술관은 또 다른 모습으로 다가왔다. 나무 그림자가 창문에 비쳐 창문 자체가 액자처럼 보이기도 하고, 고즈넉이 서 있는 나무 몇 그루가 더욱 여유로운 공간을 만들고 있었다. 담장 없는 미술관은 스스로 공간을 열어 주변의 골목길들을 아우르고 품으며 그 자체로 하나의 아름다운 정취를 자아내고 있었다.

사연 많은 종친부
한옥

미술관 뒤쪽엔 종친부 건물이 있었다.

"원래 국립현대미술관 서울관의 자리는 종친부가 있던 곳이었 죠. 종친부는 왕의 친척들 모임이기도 하지만 왕의 친척들을 관 리하는 기관이기도 했어요. 최고 권력자의 가장 가까운 곳에 있 는 이들이었지만 법적으론 벼슬을 못하게 막았죠. 그래서 불만을 품은 무리도 있었고요."

조선시대에는 열 동 남짓한 규모였다고 하는데 현재 남은 건물 은 경근당과 옥첩당뿐이다. 미술관을 착공할 당시 발굴조사도 동 시에 이뤄졌는데 건물 지하에 경근당과 옥첩당의 기단이 그대로 남아있었다. 복원을 하면서 국립고궁박물관에 소장되어있던 경 근당과 옥첩당의 현판도 다시 걸었다. 경근당 현판은 고종황제의 친필이다.

종친부 건물은 유난히 우여곡절을 많이 겪었다. 1907년 왕족을 돌보는 업무가 규장각으로 넘어가면서 종친부 한옥도 방치되었다. 서울시 유형문화재로 지정되었지만 종친부 자리에 기무사 테니스장을 짓겠다며 정독도서관으로 이전시키기도 했다. 다시 소격동 현재 자리로 오기까지 사연도 많았지만 고즈넉한 한옥은 도심 한가운데에서 마냥 여유로워 보였다.

종친부와 미술관은 어울리는 듯 어울리지 않는 듯 서로의 자리를 지키고 있었다. 종친부를 바라보는 시각도 다를 터였다. 미술관 전시에 종친부 한옥을 잘 활용하면 좋겠다는 생각도 들었다.

종친부와 미술관 사이에 담이 없으니 어느 길로 와도 되고 어디를 먼저 들러도 좋았다. 우리가 서울을 어떤 공간으로 만들어가야 할지, 내 안에서 방향성이 분명해졌다. 민주주의나 인권과는 상극의 길을 걸어왔던 기무사의 높은 담을 헐어내고 주변의 길들과 어우러지는 공간으로 재탄생한 국립현대미술관 서울관과 종친부는 앞으로 서울이 열린 공간, 치유의 공간, 회복의 공간이 될 것이라는 확신을 주었다.

현대미술관 뒤 작게 바라보이는 종친부

종친부 건물인 경근당과 옥첩당

박영선, 서울을 걷다

작은 것이
아름답다

예부터 삼청동은 한양 도성 내에서도 경치가 가장 좋은 곳으로 손꼽히던 곳이라고 했다. 한옥과 양옥이 섞여 있어 전통과 현대가 어우러진 길가에는 5층 이하의 낮은 건물들이 많아서인지 하늘이 유독 넓게 보였다.

예술가들의 작업실이 많던 곳이었는데 언제부터인지 화랑과 카페, 개성 있는 음식점들이 들어서면서 자연스럽게 서울을 대표하는 문화의 거리가 되었다. 지금은 예전과 분위기가 달라졌다고 아쉬워하는 소리도 많지만 한옥을 개조해 만든 상점 등 여전히 볼거리가 많은 동네였다.

적당한 간격을 유지하며 은행나무가 서 있는 것도 운치가 있었다. 이른 봄빛을 받아 이제 막 자라기 시작한 작은 은행잎들은 손바닥을 내민 듯 앙증맞았다. 은행나무 사이로 바라보는 하늘은 유난히 푸르렀다. 가을이 오면 노란 황금빛으로 거리를 물들일 모습을 그려보니 벌써부터 설렜다.

삼청동은 나도 좋아하는 곳이라 자주 찾는 곳인데 갈 때마다 새로운 발견을 하게 되니 즐거운 공간이었다. 이번에 길을 걸으며 알게 된 사실은 건물들의 처마가 앞머리를 뒤로 넘겨 깨끗한 이마를 드러낸 듯 선이 참 잘 맞춰져 있다는 점이었다.

개성 있는 간판을 읽는 재미도 쏠쏠했다. 한옥에 딱 맞게 디자인된 한글 간판을 볼 때면 저절로 발걸음이 느려졌다. 기발한 아이디어가 돋보이는 상점 이름을 볼 땐 어떤 센스 있는 사람이 저런 생각을 다 했을까 싶어 무릎을 탁 치기도 했다.

삼청동은 동네 어디를 보아도 크고 위압적인 건물이 없다. 도심에서 흔히 볼 수 있는 압도적인 크기의 빌딩이나 대형 쇼핑몰 등의 풍광도 없다. 테이블이 네 개밖에 안 되는 음식점부터 열 명도 채 앉을 수 없는 카페까지, 작고 소소하고 아기자기한 공간들이 참 많다. 그리고 그 작은 것이 삼청동의 아름다움을 만들어내고 있었다.

삼청동의 다양한 상점들

도시의 실핏줄,
골목길 문화를
서울의 문화로

삼청동은 천천히 걸어야 그 맛을 알 수 있는 동네다. 좁은 길과 경사로 때문에 차량 진입이 불편한 것이 오히려 보행자의 천국을 만들어냈다. 내가 삼청동을 유독 사랑하는 이유도 바로 여기에 있다. 골목길! 한 걸음 걸을 때마다 골목이 나타나고, 또 다른 골목으로 이어졌다. 삼청동이 걷기에 매력적이 이유는 바로 이 실핏줄 같은 골목길 덕분이다.

골목길은 보면 볼수록 재미있다. 골목을 사이에 두고 나란히 있는 가게들을 보면 각자의 자리를 지키면서도 이웃과 이어져 있어 외롭지 않아 보인다. 담장은 경계를 분명히 함으로써 배타적인 소유를 주장하지만 골목길은 독립을 보장하면서도 공간을 공유한다. 골목길에 오순도순 들어선 가게들은 쭉 이어진 형태로 매력적인 풍경을 만든다.

"도시지리학을 전공할 때 가슴에 팍 와 닿은 말씀이 있었어요.

'도시에서 골목길은 생명선, 핏줄과 같은 것이다. 골목길을 살려야 도시가 산다!'"

"정말 좋은 말씀이네요. 많은 이들이 삼청동을 좋아하는 이유도 바로 그 생명선과 핏줄 같은 골목길이 있어서겠지요. 큰 도로가 동맥이라면 골목길은 실핏줄인데 실핏줄이 영양을 공급해줘야 살 수 있잖아요. 우리가 실제 생활하는 동네를 생각해봐도 큰길보다는 골목길이 훨씬 의미가 더 크죠. 불과 10년, 20년 전만 해도 우리 세대는 골목길이 살아있는 동네에서 이웃들끼리 정을 나누며 살았잖아요."

그랬다. 어디를 가도 골목길이 살아있던 시절, 그곳에 가면 항상 친구들이 있었다. 골목길이 키운 세대라는 생각마저 들 정도로 골목길은 우리에게 삶의 원형과 같은 장소였다. 그래서인지 사라진 골목길 문화가 너무나 아쉽게만 느껴졌다.

골목길은 도시에 다양한 얼굴을 만들어준다. 전 세계적으로 특색 있는 도시를 만들어 도시경쟁력을 높이고자 하는 노력이 활발해지고 있다. 서울의 다양성을 살리는 데도 골목길은 큰 역할을 할 것이다.

우리도 체코 프라하와 같이 삼청동 골목길과 청와대를 잘 연계해 세계적인 관광명소를 만들 수는 없을까 하는 생각도 든다. 그렇게 되면 인사동까지 아우를 수 있을 것이다.

국립민속박물관

삼청파출소

서울특별시
정독도서관

경회루

강녕전

국립현대미술관

종친부

덕성여자
중학교

근정전

건춘문

경복궁

송현동 터

홍례문

광화문

동십자각

경복궁역

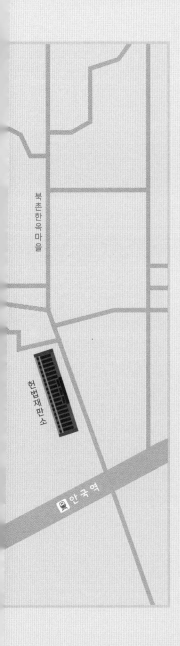

북촌한옥마을

헌법재판소

안국역

[서울을 걷다]

경복궁과 삼청동

• 2부 •

세상의 문을 열다

배움

. . .

S E O U L

. . .

4

질문들이
태어나다

경기고등학교가
정독도서관이 되기까지

　　정독도서관은 길들이 만나는 곳에 있다. 삼청동, 소격동, 가회동 등 '북촌' 일대라고 불리는 곳으로 가기도 좋아 약속 장소로도 유용하다. 3호선 안국역 1번 출구에서 감고당길로 올라가면 북쪽 끝에 다다라 북촌로 5길(화동)과 만나는데 바로 이 지점에 정독도서관이 있다.

　　감고당길이라는 이름이 붙은 이유는 조선 숙종의 비 인현왕후의 친정집 감고당이 있었기 때문이다. 인현왕후는 장희빈과 갈등하다 왕비 자리에서 물러난 후 복위될 때까지 감고당에서 5년 동안 머물렀다. 정식 명칭은 율곡로 3길이지만 역사적으로 유서 깊은 길이니만큼 종로구에서 명예도로명으로 부여했다.

　　이번 답사에선 감고당길 대신 삼청동에서 정독도서관으로 가는 길을 걸었다. 정독도서관은 고등학교 입시가 있던 시절 명문 중의 명문이라 불리던 경기고등학교 자리였다. 1900년에 고종황

제의 명에 따라 우리나라 최초의 관립중학교로 개교한 뒤 일제에
의해 관립 한성고등학교로 바뀌었고 1951년 경기중·고등학교로
교명이 바뀌었다.

경기고등학교가 1976년에 강남으로 이전한 후 이듬해 이 자리
에 서울시립도서관이 개관하면서 52만여 권의 장서와 각종 교육
사료를 보유한 도서관으로 재탄생했다.

"정독도서관에 추억이 있는 분들 많으시지요?"

한 중년여성이 수줍게 손을 들며 풍문여고 졸업생이라고 했다.
나 또한 근처에 있는 덕성여자중학교를 나왔기에 정독도서관에
대한 추억이 많았다. 하지만 이 분을 빼놓을 수는 없다. 경복궁과
삼청동에 이어 정독도서관까지 동행하고 있는 한국예술종합학교
김봉렬 총장이다. 그는 경기고등학교가 강남으로 이전하기 전 마
지막 졸업생이었다. 가끔씩 들르던 도서관이 아니라 매일 생활하
던 학교였으니 특히 감회가 새로울 터였다.

"저도 중학생 때 추억이 많은 곳인데 총장님께도 특별한 곳일
듯합니다. 학교가 언덕길에 있어서 힘들진 않으셨어요?"

"지각을 좀 많이 했죠. 지금 와보니 옛 생각이 많이 나네요. 여
기 빨간 벽돌집이 자습실이었어요."

"그때 건물이 그대로 남아있는 거네요?"

"네. 지금 도서관으로 사용하고 있는 건물도 경기고등학교 건
물을 이용한 거고요. 1938년 스팀 난방 방식이 도입된 현대식 구

정독도서관으로 향하는 길

조였죠. 한국전쟁 땐 미군 통신부대에서 사용하기도 했어요. 지어진 지가 벌써 70~80년쯤 되었죠."

"전통이 깊은 학교였는데 강남으로 이전하면서 아쉬운 점도 많았겠어요. 강남으로 이전한다고 했을 때 반응은 어땠나요?"

"박정희 대통령 때였는데 저희나 졸업하신 선배들이나 선생님들도 별로 반기는 분위기는 아니었어요. 동문들까지 나서서 화동 언덕을 버릴 수 없다고 크게 반발했죠. 학교에 대해 자부심이 강했던 만큼 학교 이전은 결코 작은 문제가 아니었으니까요. 게다가 학교 건물에 대한 애착도 컸고요. 동문들 중에 정치인, 문화인, 법조인들이 많았는데, 결국 박정희 대통령으로부터 기존 건물을 없애지 않고 도서관으로 남긴다는 약속을 받고서야 이전을 수용했지요. 강남개발을 시작하면서 강북의 좋은 학교들을 거의 다 이전시킨 건 정말 안타깝습니다. 학교가 옮겨지면 자연스럽게 인구이동도 일어나잖아요. 강북에 있던 학교를 죄다 강남으로 보내면 강북이 텅 비게 되는데, 그건 균형이 맞지 않는 거죠."

강북은 강북대로 고유성을 살리고, 강남은 강남대로 새롭게 가꾸나갔어야 하는데 너무 급하게 개발을 하다 보니 강북의 공동화 문제까지 생긴 것이리라. 돌아볼수록 여러 모로 아쉬움이 드는 대목이다.

강남 이전이 만든
8학군의 신화

"경기고등학교 말고도 강북의 좋은 학교들이 강남으로 계속 이전하는 과정을 밟았는데 그때는 아직 강남이 8학군 병을 앓기 전이죠?"

"네. 8학군이라는 말도 애초에 어떤 뜻이 있는 말이 아니었죠."

서울 시내 고등학교가 11개 학군 체제로 조정된 것은 1980년 대였다. 도심 공동학군이 폐지되면서 동대문구와 중랑구가 포함된 서울 동부는 1학군, 마포구와 서대문, 은평구를 합친 서부는 2학군 등으로 묶인 것이었다. 그런데 강남구와 서초구를 묶은 8학군만 유난히 교육의 몸살을 앓게 된 이유가 무엇일까? 그 결정적 이유가 바로 강북에 있던 명문 고등학교들의 강남 이전이었다.

"경기고등학교가 강남구 삼성동으로 이전한 것을 시작으로 휘문고등학교, 서울고등학교 등도 잇달아 강남으로 이전하게 되었죠. 고교평준화 정책과 도심지 인구 분산 그리고 강남개발이 맞

물리면서 일명 '8학군 특수'가 시작된 겁니다."

"8학군에 집중적으로 포진된 학교에서 소위 명문대학 합격자를 많이 배출했잖습니까. '좋은 대학 가려면 무조건 강남으로 가야 한다'는 신화까지 생기고요."

11개 학군 체제에 따라 이제 특정 지역에 거주해야만 그 지역에 있는 고등학교를 가게 되자 중산층 이상의 가정들은 대거 강남으로 몰렸고 학교 주변의 집값이 치솟았다.

결국 많은 논란이 오고간 끝에 학군제는 1990년대부터 조금씩 바뀌었고 8학군이라는 이름도 공식적으로는 폐지되었다. 그러나 '강남 8학군'의 신화는 다른 형태로 증식해 자본의 힘으로 구별과 차별의 벽을 세워버렸다. 대치동을 중심으로 거대한 학원가가 형성되면서 강남 일대가 사교육 특수지역으로 변한 것이다. 참된 교육이 무엇인지 생각하게 하는 대목이다.

인간에 대해
생각하는 자리

열심히 걸어온 다리도 쉬게 할 겸 우리는 정독도서관 정원에서 잠시 쉬는 시간을 가졌다. 주변의 모습도 훤히 보이지만 특히 인왕산의 모습이 시원스러웠다.

"여기가 특별한 곳이에요. 겸재 정선이 국보로 지정된 〈인왕제색도〉를 그리기 위해 인왕산을 바라봤던 자리거든요."

18세기의 대표적인 화가 겸재 정선이 70대 중반에 그린 〈인왕제색도〉는 무르익을 만큼 무르익은 그의 화풍을 잘 드러내는 걸작이다. 우람한 암벽을 강조하면서도 운무를 여백으로 처리해 흑백의 대조가 강렬하게 나타나는 데다 풍경에 대한 독창적인 해석으로 '진경산수'의 진면목을 보여준다.

생전 '삼백 년의 조선 산수화가 겸재 정선으로 인해 새로운 길이 열렸다'는 말까지 들었으며, 거리의 가마꾼까지 그의 이름을 알았다고 하고, 영조도 꼭 '겸재'라는 호로 부르며 그의 재능을 아끼고 존중했다고 하니 당시 그의 위상이 어느 정도였는지 짐작케 하는 대목이다. 정선은 사천 이병연을 생각하며 이 그림을 그렸다. 죽마고우 이병연은 겸재보다 다섯 살 위였지만 허물없는 우정을 나누던 친구였다. 겸재가 그림을 그리면 사천이 시를 썼다. 누구보다 서로를 깊이 이해하며 평생 우정을 주고받았던 친구가 죽음을 눈앞에 두게 되자 슬픔을 억누를 수 없었던 겸재는 그리움을 담아 〈인왕제색도〉를 그렸다. 〈인왕제색도〉의 깊이는 그의 인간적인 모습에서 우러나오는 것이리라.

내가 겸재를 좋아하는 이유도 자신이 사랑하는 일에 최선을 다했던 데다 화가로서 최고의 경지에 도달했는데도 지위에 취해 인간의 마음을 버리는 일이 없었기 때문이다. 훌륭한 화가이자 정 많은 인간이었던 겸재에게 크게 배울 만한 점이었다.

정독도서관 터는 근대 조선의 개화파였던 김옥균과 서재필의 집터였다고 한다. 실제 풍수지리적으로도 좋은 곳인데, 혈이 뭉쳐진 명당이라고 한다. 북악의 기운이 뻗쳐 내려온 곳이라 하니 공부하기엔 최적의 장소라고도 했다.

19세기 중후반 조선을 뜨겁게 달궜던 미완의 천재 김옥균은 정치가이자 사상가였고 개화파 중에서도 급진세력에 속했다. 1884년 갑신정변을 일으켰으나 '삼일천하'로 끝났고, 일본으로 망명한 뒤 중국 상하이로 건너갔다가 암살됐다. 시대의 풍운아로 살았지만 조선, 일본, 청나라 어디에도 그가 뜻을 펼칠 곳은 없었다. 김옥균에 대해선 '희대의 사기꾼'이라고도 하고, '애국적 혁명가'라고도 한다. 엇갈린 시각들은 그가 그만큼 논란이 많은 행적을 남겼다는 반증이리라.

개화파는 서대문 봉원사에 비밀리에 모여 서양문물에 대한 책을 읽고 시국을 논하면서 '개화당'을 만들었다. 정치인이자 언론인이며 의사였던 서재필은 갑신정변 실패로 미국으로 망명했다가 갑오개혁의 선두에 섰던 김홍집 내각에서 중추원 고문으로 초빙되어 귀국했다. 1896년 《독립신문》을 발간했고 독립협회를 설립했지만 그의 개화사상을 견제하던 대한제국 정부에 의해 추방된 뒤 미국에서 의사로 활동했다. 광복 후 미군정의 요청으로 미군정과 과도정부의 고문 역할을 맡았다.

그들이 꿈꾸었던 세상은 어떤 세상이었을까? 그들이 말했던 개혁은 현재 우리가 생각하는 개혁과 어떤 점에서 닮았고 또 어떤 점에서 달랐을까? 내가 꿈꾸는 서울은 어떤 세상인가? 그것을 위해 무엇을 배우고 무엇을 버릴 것인가?

시대가 변해도 변함없는 것은 개혁의 중심에 인간이 있다는 점이다. 인간이 없는 혁명과 개혁이 무슨 의미가 있을까.

정독도서관에서 내려오다 예쁜 커플을 만났다.

지역에 더 많은
도서관이 필요한 이유

정보가 넘쳐나는 사회일수록 지식보다 지혜가 중요하다. 배움은 개인의 능력만으로 이뤄지는 것도 아니고, 정보와 지식만 쌓여서 되는 것도 아니다. 자신의 경험을 바탕으로 다른 사람과 맺는 '관계' 속에서 비로소 완성되는 것이다.

타인과 함께하는 과정이 그래서 중요하다. 경쟁이 아닌 협력, 결과가 아닌 과정에서 스스로 깨달아가는 것이야말로 진정한 배움이며, 진정한 배움은 우리가 사는 공동체에 대한 관심에서 비롯된다. 내 아이의 미래만이 아니라 우리 이웃의 아이도 함께 기르고 보듬는 마음으로 지역공동체로서 변화를 만들어나가야 한다.

지역공동체를 위한 구심점이 되고 배움을 위한 사회적 인프라를 구축하는 데 도서관은 중요한 기능을 한다. 여러 갈래의 길이 모이는 곳이 자연스럽게 소통의 장소가 되듯, 도서관에는 사람과 정보가 모인다. 주민을 위한 문화행사와 공교육 틈새의 필요를

이집트 알렉산드리아 도서관

채워주는 다양한 교육을 적극적으로 만들어나가는 공간, 학교를 떠나서도 배움을 이어갈 수 있는 공간, 인간이란 어떤 존재인가를 묻는 질문에 대한 수천 수억의 대답을 모아놓은 곳, 그리하여 우리에게 배움이 필요한 이유를 다시 찾게 하는 곳, 도서관은 그렇게 우리의 공간이어야 한다.

무조건 같은 기능을 하는 도서관이 아니라 지역 특색을 살려 특화된 도서관을 건립한다면 더 좋을 것이다.

정독도서관만이 가질 수 있는 특성은 무엇일까?

학교는 강남으로 이전했지만 '배움'이라는 전통은 이어졌으니 정독도서관을 국제적 수준으로 끌어올려 지성의 요람으로 만들면 좋겠다는 데 의견이 모아진다. 이집트의 알렉산드리아 도서관처럼 말이다. 고대 이집트 알렉산드리아에 기원전 3세기에 지어진 알렉산드리아 도서관은 로마가 이집트를 점령하기 전까지 전 세계 학문의 중심지 역할을 했고 문화와 지성의 메카로 자리 잡았다.

"어떤 점에서 정독도서관이 알렉산드리아 도서관을 닮았으면 좋겠다고 생각하시나요?"

"알렉산드리아 도서관의 겉만 흉내 내서 거대한 건물을 지으면 주변 환경과 조화가 깨질 위험이 있지요. 그보다는 여기 터를 잘 이용해서 보존하고 정보의 두뇌 역할을 했으면 하는 거예요."

정독도서관이 지성의 요람으로 재탄생해 새로운 시대를 지향하는 사람들이 자주 찾는 곳, 배움의 근간이 되는 곳이면 더 좋겠다.

4차
산업혁명 시대의
정독도서관

4차 산업혁명 시대에 대한 불안이 화두다. 인공지능이 인간의 일을 대신하며 노동시장에 격변이 몰아치고 경제, 의료, 주거 환경부터 정치에 이르기까지 대대적인 변화가 일어날 것이라고 말이다. 약국에서 200만 건의 처방을 조제한 로봇약사, 경영컨설팅을 하는 인공지능 슈퍼컴퓨터 왓슨, 2018년 1월 직접 만나 대담을 나눴던 인공지능(AI) 로봇 소피아 등 우리 사회의 변화는 이미 시작되고 있다. 교육도 예외일 수 없다. 기계가 인간보다 더 뛰어난 능력을 보일 것으로 예상되는 시대에 우리는 어떤 준비를 하고 있는가.

이럴 때 가장 중요한 핵심은 무엇일까? 나는 꿋꿋하게 인간의 정신이라고 믿는다. 기계와의 경쟁에 회의를 느끼는 사람들도 있지만 오히려 인간이기에 기계와 팀워크를 이루며 지속적인 변화를 맞이할 수도 있다. 인간에게는 '배움'이라는 강력한 능력이 있기 때문이다. 인간은 배움이라는 고급능력을 지니고 태어난 덕분에 과거에서 현재를 살아가기 위한 지혜를 구하고, 현재의 배움을 바탕으로 미래를 열어갈 안목을 가질 수 있었다. 지금 우리에겐 어떤 배움이 필요한가. 특정 계층이 독점하지 않고 공유하는 배움, 그 배움의 공간이 필요하다. 배움은 우리 모두의 것이기 때문이다.

볕 고운 정독도서관에서 추억을 더듬으며 행복감에 젖었지만 그만큼의 아쉬움도 남았다. 역사와 시간의 진중한 무게를 지니고 있는 정독도서관이 단지 건물이나 규모 같은 외양 때문에만 주목받는 건 안타까운 일이니까 말이다. 이제는 오랜 세월 품어온 배움의 씨앗이 미래의 비전이 조화된 공간 속에서 싹을 틔울 수 있도록 정독을 재탄생시켜야 한다. 계층과 세대의 경계 없이 공유하며, 과거와 현재와 미래를 아우르는 정독도서관만의 정체성을 잃지 않고 우리 모두의 공간, 미래 세대의 공간, 나아가 글로벌 시민들의 공간으로 자리매김할 수 있도록 실천의 첫 걸음을 내딛고 싶은 생각이 간절했다.

5

소리를 고르듯

세계 최초의
국립대학을 가다

한층 쌀쌀해졌지만 가을을 느끼게 하는 날 성균관 답사에 나섰다. 세계 최초의 국립대학이자 조선 최고의 리더를 양성하던 곳! 면면히 이어져온 배움의 전통이 살아있는 곳이었다.

교육을 국가시스템으로 확립한 전통은 이미 삼국시대부터 있었지만 성균관처럼 틀이 확고하게 잡힌 교육기관은 조선에 이르러서야 가능해진 일이었다. 시대와 함께 교육시스템이 공고해질 수 있었던 것은 유교라는 교육철학이 깊게 뿌리 내리고 있었기 때문이 아닐까.

정독도서관을 다녀온 후 정치든 교육이든 도시재생이든 밑바탕이 되는 철학이 얼마나 중요한지 새삼 깨달았다. 때마다 합리적으로 다른 방법을 취할 수는 있어도 그 방법을 관통하는 철학이 있어야 흔들림 없이 갈 수 있다. 자신만의 인생철학을 갖고 사는 사람과 그렇지 않은 이는 삶의 품격이 다르지 않던가.

성균관 앞에는 이미 많은 분들이 와 계셨다. 횟수를 거듭할수록 이제는 얼굴만 봐도 이웃처럼 반가웠다. 오늘 함께 걸으며 이야기를 들려주실 분은 성균관의 의례부장이신 박광영 선생이었다. 성균관 유생들이 입었을 법한 전통복장까지 갖춰 입고 맞아주셔서 더욱 의미가 깊었다.

"오시느라 고생 많으셨습니다."

신뢰를 주는 목소리로 점잖으면서도 따뜻하게 인사를 하는 박 선생의 모습이 인상적이었다. 오늘 답사가 한층 기대되었다.

"성균관은 조선시대 최고의 고등교육기관이었습니다. 국가 운영의 이론적 토대가 되었던 정치이념과 철학을 공부했던 학자는 물론이고, 이 나라를 이끌어갔던 재상과 관리들을 배출한 최고의 교육기관이었지요."

성균관이 지닌 역사적 의미도 컸지만 또 하나 기대되는 것이 있었다. 성균관의 명물로 통하는 은행나무였다. 성균관 명륜당은 아름답다는 감탄이 느낌표 모양으로 터져 나올 만큼 오래된 은행나무가 있는 곳으로 유명했다. 은행나무의 정취와 역사 문화를 함께 만끽할 수 있는 시간이 될 것 같아 기대가 컸다.

하마비와 탕평비에서
배움을 생각하다

　　우리가 서 있는 곳에 비석이 두 개 보였다. 그중 하나가 하마비(下馬碑)였다.

　　"하마비는 그 앞에서 누구든지 말에서 내리라는 뜻을 담고 있습니다. 대소인원과차자개하마(大小人員過此者皆下馬). 지위 고하를 막론하고 이곳을 지나는 모든 사람들은 말에서 내리라는 뜻입니다. 공자를 비롯한 선현들을 모시고 있는 곳이라 예(禮)를 표하기 위해서죠."

　　"임금도 여기에 오면 이 앞까지는 연(輦: 큰 가마)을 타고 왔다가 연에서 내려 걸어 들어갔군요."

　　"네. 그렇습니다. 경복궁 동쪽에 창경궁이 있지요? 창경궁의 동쪽 문을 집춘문(集春門)이라고 하는데 임금은 집춘문을 통해 가마를 타고 오다가 이 입구에서부터는 가마에서 내렸다고 해요. 임금이 내리니 다른 관원들이야 말할 것도 없죠. 예를 표현하는 장소이고, 이곳에 들어가는 일은 예에서부터 시작된다고 보면 될 듯합니다."

또 하나의 비석은 탕평비(蕩平碑)였다. '탕평'이란《서경》〈홍범(洪範) 편〉의 '무편무당 왕도탕탕 무당무편 왕도평평(無偏無黨 王道蕩蕩 無黨無偏 王道平平)'에서 온 말로 공정한 정치를 해야 통치자의 입지가 평탄하다는 의미를 담고 있다.

"영조 때 동인과 서인 사이에 당파싸움이 심해 당정의 폐단을 없애고자 만든 비가 탕평비입니다. 군자는 두루두루 사랑하니 바로 이것이 군자의 공변된 마음이오, 소인은 편을 가르고 두루두루 친하지 아니하니 바로 이것이 소인의 사사로운 마음이라고 했죠. 소인배 말고 군자의 넓은 마음을 가지라는 의미에서 세운 비가 바로 탕평비입니다."

탕평비각은 영조가 지은 탕평문구가 새겨있어 어서비각(御書碑閣)으로도 불린다. 성균관 유생들에게 당쟁의 폐해에서 벗어나 참다운 인재가 되기를 권장하기 위한 것이다.

하마비와 탕병비는 모두 유교의 근본사상인 '인(仁)' 사상을 드러낸다. 인은 군자의 마음을 말하는 것이고, 인을 형식적으로 드러낸 것이 '예(禮)'다. 예는 곧 겸손이다. 새로운 것을 접하고 배울 때, 아는 것을 행하고 전할 때 '인과 예'의 태도는 얼마나 중요한 것이던가.

우리는 성균관 유생들이 성균관을 들어왔던 길을 따라 걸었다.

하마비

탕평비각

"저쪽에 성균관 정문인 신삼문이 있는데 평상시엔 열지 않고 중요한 의식이 있을 때만 문을 열어 평소엔 이 길로 다녔죠."

"성균관이 1398년에 세워졌으니까 지금부터 약 619년 된 길을 걸어가고 있는 거네요."

"그렇습니다. 조선이 1392년에 건국되었잖습니까. 그러고 난 다음에 한양으로 도읍을 옮기면서 만든 건물이 바로 성균관입니다. 조선의 역사가 그대로 남아있는 셈이죠. 뿐만 아니라 고구려의 태학, 백제의 박사, 신라의 국학, 고려의 국자감 등 우리나라의 교육제도를 계승한 것이 성균관입니다. 현재 성균관은 지방의 서원이나 향교를 중심으로 하는 유교 종단의 중앙 총본부입니다. 전통적인 의미가 있는 곳이지요. 저 앞에 보이는 것이 서울 문묘인데 그 안에 대성전이 있습니다. 그 뒤쪽에 강학공간이던 명륜당이 있지요. 보통 향교와 서원들은 강학공간이 앞에 있고 제향공간이 뒤에 있는 전학후묘(前學後廟)의 구조를 갖추고 있는데, 성균관은 앞쪽에 제향공간이 있고 뒤쪽에 강학공간이 있는 전묘후학(前廟後學)의 구조로 되어 있습니다."

길 끝에 큰 소나무가 있는 야트막한 단이 보였다.

"여기 하련대(下輦臺)라고 쓰여있네요?"

"왕이 문묘에 거동할 때 타고 온 가마를 내려놓는 전용주차장 같은 곳이었죠. 저 앞의 동삼문은 왕의 출입과 관계되어 어삼문(御三門)이라고도 합니다."

성균관의 기숙사
양현재

　세자(世子)를 부를 때 '동궁마마'라고 하고, 세자궁을 동궁(東宮)이라 부르는 건 세자궁이 왕과 왕비가 머무는 내전(內殿)의 동쪽에 있기 때문에 붙여진 별칭이다. 세자는 향후 왕위를 잇게 될 떠오르는 태양이기 때문에 거처는 항상 해가 뜨는 동쪽에 배치하였다.

　세자궁을 동쪽에 배치했던 것처럼 조선을 이끌어갈 젊은 세대들이 학습하는 성균관도 임금이 머무는 법궁을 기준으로 동쪽에 배치했다. 현재의 성균관이 경복궁 동쪽인 종로구 명륜동에 있는 이유이다.

　이 일대의 지명도 유생들의 학습과 관련된 것들로 정했다. 명륜동이라는 지명은 성균관 유생들의 강학 건물인 명륜당(明倫堂)을 그대로 차용한 것이다. 성균관의 남쪽인 종로 4가와 5가 일대의 지명은 인의동, 예지동, 효제동, 충신동인데, 유학의 대강인 인

의(仁義), 예지(禮智), 효제(孝悌), 충신(忠信)을 따와 지은 이름이다. 후대의 교육과 인재양성에 얼마나 역점을 두었는지 추측할 수 있는 대목이다.

서당이나 향교에서 공부하는 사람들을 학생이라고 했는데, 특별히 성균관에서 공부하는 사람은 유생(儒生)이라고 불렀다. 시험을 통해 뽑힌 전국의 진사, 생원 중 200명 규모로 엄선하여 이곳에 머물며 공부하도록 했다고 하니, 조선시대 국비장학생들이었던 셈이다.

방문 앞에 툇마루가 있는 건물이 성균관 유생들이 기거하던 기숙사였다. 기숙사는 유생들의 생활공간으로 동재와 서재가 있었다. 이름도 두 곳을 합쳐 양현재라 했다. 동재와 서재는 총 28칸, 측면 3칸 구조로 되어 있는데 현대에 와서 재건축 과정에서 방의 숫자를 32개로 늘렸다. 온돌방이 있어 한 방에 대여섯 명씩 기거했다. 방 안이 어떤 모습일지 궁금했다. 2004년까지는 양현재 장학생들이 생활했다는데 지금은 문이 다 잠겨있어 아쉬웠다.

"우리가 알고 있는 정암 조광조 선생, 퇴계 이황 선생도 여기에서 공부했지요."

"성균관 유생들의 기숙사 생활은 어땠는지 궁금하네요."

"생활규칙이 군대처럼 엄격했다고 해요. 밥도 나이순으로 먹었죠. 19세에서 80세까지 있었는데 평균 나이는 37세 정도였지요. 매일 아침 기상하면 마당에서 예를 올린 후 강당인 명륜당에서 공부를 했다고 해요. 유교경전을 외우고 행동으로 실천하는 것이 하루의 일과였지요."

　과거시험 소과에 급제한 생원, 진사들이 공부하는 곳이었던 만큼 평균 연령이 낮지 않았다. 과거급제 평균 연령은 소과가 25세, 대과가 35세였다. 퇴계 이황은 28세에 진사과에, 다산 정약용은 22세에 진사과에, 추사 김정희는 24세에 생원과에 급제했다고 한다.

성균관 유생들의 기숙사, 동재

리더는
태어나는 게 아니라
만들어진다

조선을 이끌었던 리더들을 양성한 성균관의 특별한 비법은 무엇이었을까? 어쩌면 엄청난 비법 같은 것은 없을지도 모른다. 오늘 하루, 또 오늘 하루, 또 그다음의 오늘 하루 해야 할 일을 하는 것, 몸과 마음을 가다듬으며 공부하고 나라와 백성을 위해 큰 뜻을 세우는 것을 반복하는 과정에서 어느덧 늠름한 리더십을 지닌 인재로 커가지 않았을까?

이미 완성된 재목으로 들어온 사람은 극히 드물었을 것이다. 덜 다듬어진 나무로 시작해 성균관 교육시스템 안에서 다듬어지며 개인의 입신양명을 넘어 더 큰일을 하고자 꿈을 꾸었을 것이다. 그 과정에서 각기 개성을 살리면서도 공동체가 바라는 인물로 성장해갔을 터였다.

성균관에서 공부했던 당시의 유생들은 선현의 가르침에 대해 앉아서 공부만 한 것이 아니라 현실정치에도 적극적으로 참여했다. 국가에 중요한 일이 생길 때마다 머리를 맞대고 논의했고, 필요할 때는 임금에게 상소를 올려 직언하는 것도 마다하지 않았다. 지금으로 말하자면 행동하는 지식인들이었던 것이다.

우리 사회의 리더 교육도 엘리트 교육에 머무르지 말고 공동체에 대한 헌신을 소중히 여겨야 할 것이다. 누군가의 앞에 리더로 선다는 것은 단지 그가 능력이 뛰어나거나 잘나서가 아니라 공동체가 그를 신뢰한다는 의미이기 때문이다.

태어날 때부터 리더로 나는 사람은 없다. 리더는 태어나는 존재가 아니라 만들어지는 존재다. 남들 앞에 서야 리더라고 생각할 수도 있지만 중요한 것은 자기 삶의 리더가 되는 것이다. 긍정적이면서도 주도적으로 자신의 삶을 이끌어나가고, 몇 번이고 자기 안에서 재탄생을 겪으며, 한 사람 한 사람과의 인연을 소중히 여긴다면 어디에 있든 무슨 일을 하든 누구와 함께 있든 그가 바로 자기 삶의 리더가 아니겠는가.

밥만 잘 먹어도
과거 급제

유생들이 밥을 먹었다는 진사식당 앞에 이르렀다. 성균관 유생들은 무엇을 먹었을까 하는 이야기가 화제에 오르자 금방 시끌시끌해졌다.

식사를 할 때는 자유로울 줄 알았는데 단체생활이라 그런지 식사 규율이 엄격했다. 식당에 들어갈 때도 나이 순서로 들어가 앉았는데 식사하러 가는 과정도 절도 있게 행해졌다. 유생들의 일상은 보통 북을 쳐서 알렸는데, 첫 번째 북소리가 울리면 일어나고, 두 번째 북소리에 의관을 정제하고 앉아 글을 읽고, 세 번째 북소리가 울리면 식당으로 가야 했다.

식당을 둘러보는데 박 선생이 더 흥미로운 이야기를 해주었다.

"성균관에선 밥만 잘 먹어도 과거에 급제를 했다고 합니다. 오늘날엔 대학에 출석점수가 있지요? 성균관 유생들에게도 출석이 중요했어요. 식당 입구에 출석부가 있었는데 이를 도기(到記)라고 했습니다. 도착한 기록이라는 뜻이죠."

출석을 교실이 아닌 식당에서 체크한 셈이었다. 하루에 두 끼를 먹었는데 아침과 저녁에 식사를 하러 오면 서명을 해야 식당에 들어갈 수 있었다고 한다.

"아침 먹을 때 반원, 저녁 먹을 때 반원을 그려서 원을 그렸는데 원점 하나를 1점으로 계산했지요. 원점이 300점이 넘어야 대과 초시에 응시할 수 있는 자격이 주어졌어요."

1년 중 4개월은 방학이었고, 한 달에 4일은 휴일이었으니, 1년을 개근해도 원점은 200점이었다. 최소 1년 반은 개근을 해야 관시 응시자격을 얻을 수 있었다는 얘기다.

"원점이 그렇게 중요했나요?"

"물론이죠. 과거시험을 볼 때 매우 중요한 잣대였으니까요. 과거에서 동점자가 나오면 출석점수가 좋은 사람을 우선 합격시켰답니다."

"엄격한 만큼 부작용도 있었을 것 같은데요?"

"웃지 못할 사건들이 많았죠. 원점을 높이기 위해 도기를 훔쳐서 거짓으로 기재하는 사람도 있었고요. 당시도 대리출석이 있었다고 하는데, 과거에 합격한 후 대리출석이 발각되어 유배를 간 경우도 있었습니다."

웃음이 터져 나왔지만 당시엔 웃을 일이 아니었을 것이다.

"그래도 여기가 오늘날로 치면 최고 명문대학의 구내식당인 셈인데, 식단이 궁금하네요."

"닷새에 한 번씩 특식인 대별미(大別米)가 제공되었어요. 이때 는 창고를 관리하는 하인인 고직(庫直)이 유생들마다 원하는 것 을 물어보고 각자 요구하는 것을 큰 대접에 담아 올렸다고 하죠. 성균관 유생들의 일상을 시로 적은《반중잡영》이란 책에 보면 '소를 잡고 성찬 차려 초라하지 않았네. 소 밥통을 끓인 국, 염통 구이 여러 가지 음식을 주문한 그대로 사기대접에 담아왔네.'라 는 기록이 있습니다.

소별미(小別米)라고 해서 생선 자반 대신 고깃국이나 고기구이 도 나왔지만 양이 아주 적어서 자반보다 못했다지요. 또 삼복에 는 주먹만 한 얼음을 한 덩이씩 주었고, 초복에는 개장국, 중복에 는 참외 두 개, 말복에는 수박이 나왔답니다. 명절 땐 여덟 가지 반찬 외에 별공이라고 해서 맛있는 음식들이 나왔다는 기록도 있 습니다."

지금 우리보다 훨씬 더 잘 드신 것 같다는 말에 웃음이 터졌다. 공부를 제대로 하기 위해서는 영양 잡힌 식단이 중요한데 600년 전 성균관에서 제대로 된 식단이 나왔다는 것은 시사하는 바가 많았다.

진사식당

차별을 넘어
차이를 인정하는 사회로

구석구석 식당을 둘러보다가 문득, 이 많은 자리에 여성을 위한 자리 하나가 없었겠구나 하는 생각에 씁쓸해졌다. 돌아보면 시대가 주는 한계를 깨고 여성이 지금처럼 정치에 나서거나 사회에 적극적으로 참여하게 된 것은 불과 얼마 되지 않은 일이다.

기자 생활을 처음 시작했을 때가 생각났다. 그때만 해도 '여기자'가 드물었던 때라 여성이라는 이유만으로 폄훼하고 차별하는 일이 만연해 있었다. '여자는 말이야'라는 말을 듣기 싫어서 꼭두새벽에 집을 나설지언정 지각 한 번 하지 않았다. 아니 할 수가 없었다. 지금도 양성평등이 이루어졌다고 말하기는 힘든 게 사실이다.

다르다는 것이 틀린 것이 아니듯 차이가 차별을 정당화시킬 수는 없는데도 단지 피부색이 검다는 이유로 차별당했던 흑인처럼, 단지 여성으로 태어났다는 이유로 차별받는 여성처럼, 소수자요

약자요 가난한 자라는 이유로 차별의 벽 앞에 서 있는 사람들은 또 얼마나 많은가.

세상의 그 어떤 존재도 차별받아 마땅한 사람은 없다. 존재 자체가 차별의 정당한 이유가 될 수도 없다. 그러나 우리 사회는 아직 넘어야 할 차별의 벽이 많다. 그 하나하나의 벽을 무너뜨리는 일은 결코 녹록한 일이 아니지만 시대의 한계를 넘어서는 데 반드시 거쳐야 할 과정이기에 결코 포기할 수 없는 일이다. 차별을 넘어 차이를 인정할 수 있는 것이 곧 성숙한 사회를 가늠하는 기준이 될 것이기 때문이다.

이야기에 사람을 담는
유홍준 교수와 함께

식당을 떠나 우리는 유홍준 교수를 만날 수 있을지도 모른다는 기대를 갖고 명륜당 앞으로 이동했다. 전국에 답사 열풍을 몰고 온 유 교수는 최근에 《나의 문화유산 답사기》 제10권 서울편을 펴내면서 자신은 해마다 11월 첫째 주와 둘째 주 일요일엔 노랗게 물든 은행나무 단풍을 보기 위해 성균관에 온다고 밝힌 바 있다. 〈서울을 걷다〉 성균관 답사일을 11월 둘째 주로 정하게 된 것도 이 때문이었다. 역시 유 교수는 은행나무 아래에 여러 사람들에 둘러싸여 있었다. 그중에는 식물학자 박상진 교수도 있었다.

"반갑습니다. '아는 만큼 보인다'는 말을 교수님 책에서 읽고 저도 감명 받았는데요, 서울 곳곳을 걸으면 걸을수록 명언인 듯합니다. 《나의 문화유산 답사기》 서울편도 잘 읽었습니다. 이번에 쓰신 책을 보니 성균관에 지면 할애를 많이 하셨던데, 비중을 두신 이유가 있으신가요?"

성균관 은행나무에 얽힌 이야기를 하고 있는 유홍준 교수

"처음엔 간단히 쓰려고 했는데 자세히 쓴 이유가 있어요. '무명자 윤기'라는 사람이 성균관 유생을 20년이나 했어요. 과거시험을 3년에 한 번 본다고 할 때, 20년이면 거의 7수를 했다는 말이거든요. 그런데 이 분이 20년 동안 성균관에서 생활하면서 매일매일 기록을 남겼어요. 밥은 어떻게 먹고, 잠은 어떻게 자고, 방은 어떤 식으로 배정하고, 신참이 들어오면 어떻게 신고식을 하고, 고참들이 어떻게 놀리고, 제사는 어떻게 지내는지까지 자세히 써 놓은 거죠. 그게 너무 감동적이었어요. 성균관이라는 건물이 성균관 유생이라는 사람의 삶으로 보였죠. 성균관이 갖고 있는 의미도 여기에 있다고 생각했어요. 우리가 역사 속에서 배우는 인물들도 거의 다 성균관 출신이잖아요."

조선이라는 지식인 사회에서 사람이 어떻게 형성되고 성숙해 갔는지, 그 삶의 속살을 들여다볼 수 있는 기록이었다. 기록은 기록을 남기는 자와 그 기록을 이해하는 자가 있을 때 비로소 가치를 부여받는다. 기록을 남긴 무명의 성균관 유생에게도, 그 기록의 소중함을 알아보고 알뜰히 살려준 유 교수에게도 감사한 마음이 들었다.

"성균관은 역사적으로나 건축학적으로나 다 의미가 있네요. 방금 양현재를 보고 왔는데 설명 좀 부탁드려요."

"성균관은 말씀하신 것처럼 의미를 담아 지은 곳입니다. 배치 하나만 봐도 건축적으로 큰 의미가 있지요. 여기가 강당이고 저쪽이 기숙사면 드나드는 문이 이쪽에 있을 것 같은데 다 반대쪽에 있어요. 그래서 여기서는 창문만 보이죠. 디귿 자 집을 지으면 본채 앞으로 양 옆에 창마루를 놓고 한 마당을 쓰도록 되어있는데 양현재는 다 바깥쪽으로 배치한 거죠. 덕분에 이곳은 항상 엄숙하고 조용한 공간을 유지할 수 있었어요. 대성전에 가셔도 비슷한 분위기를 느끼실 겁니다. 또 한 가지 주목할 건 동재와 서재인데요. 정조 때 서재에는 거의 다 노론 쪽 사람이 있었다고 합니다."

"탕평책을 썼어도 어쩔 수 없는 분위기가 있었나 보네요."

"맞아요. 반대로 이쪽에는 남인하고 소론, 북인이 있었고요. 양반신분이 아닌 서출(庶出)의 생원·진사도 입학했는데, 이들은 남헌(南軒)에 머물면서 공부하였기에 남반(南班)이라 불렸지요. 성균관 기숙사에서 보이는 이러한 위계는 곧 그 사회의 위계질서를 반영하는 것이기도 했죠."

들을수록 재미가 더해졌지만 시간이 다해 유 교수와 작별 인사를 나누었다. 그의 이야기를 들으며 어김없이 오늘도 특별한 감회가 느껴졌다. 그가 하는 이야기 속에 항상 사람이 있기 때문일 터였다.

명륜당 앞에
은행나무를 심은 뜻은

　배움이란 그저 지식의 습득에서 그치는 것이 아니라 지식 속에
들어있는 사람 냄새를 놓치지 않는 것이다. 그래야 비로소 제대
로 보고 듣고 느끼고 배울 수 있다. 배움은 겸손에서 시작해 깨우
친 것을 기꺼이 나눠줄 때 완성되는 것인지도 모른다. 자신이 지
닌 황금빛을 아무 대가 없이 나눠주는 저 은행나무처럼.

　명륜당에서 바라본 은행나무는 장관이었다. 은행나무가 일년
중 가장 아름다운 때는 11월 첫째 주와 둘째 주다. 높이는 21m,
둘레 12m, 은행나무의 수령은 500살로 추정된다고 한다. 성균관
유생들도 이 은행나무를 보면서 학문의 본질을 매일 되새기지 않
았을까.

　《증보문헌비고》에 의하면 1519년에 대사성 윤탁이 명륜당 아
래 은행나무 두 그루를 마주 보게 심으면서 기초가 튼튼해야만
학문을 크게 이루고 나무는 뿌리가 무성해야 가지가 잘 자라니

은행나무 사이로 보이는 명륜당

박영선, 서울을 걷다

공부하는 유생들도 이를 본받아 정성껏 잘 키울 것을 당부했다고 한다.

"은행나무는 유교를 상징하는 나무입니다. 공자가 은행나무 아래에 단을 마련하여 제자들에게 학문을 가르친 것에서 유래한 것이죠. 그래서 '행단'이라고도 하여 교육을 상징합니다. 성균관의 정신을 계승한 성균관대학교도 은행 문양을 대학의 상징으로 삼고 있습니다."

박 선생의 설명을 들으며 고개를 끄덕였다. 행단이라는 이름을 붙인 사람은 노나라 장문중이었다고 한다. 행단을 쌓은 것도 장문중이고 이름을 붙인 것도 장문중이지만 사람들은 행단을 '장씨의 단'이라고 하지 않고 '공씨의 단'이라고 했다. 이유는 패도정치와 왕도정치에 있었다.

패도정치는 권력을 탐하지만 왕도정치는 덕으로 선정을 베푸는 것이다. 공자는 행단에서 인의 정신을 구현해 학문을 후세에 남기고자 했으나 장문중은 이익을 위한 행단활동에 힘썼다. 결과가 이렇게 다르니 사람들이 공자의 도를 따른 것이다. 은행나무가 '교육'의 상징이라는 것을 알고 나니 또 다르게 보였다. 수천 년을 사는 은행나무처럼 성균관에서 뿌리를 내렸던 배움의 전통이 널리 퍼져나가길 바라는 마음이 들었다.

100리 길을 갈 땐
90리를 절반으로 생각하라

성균관은 조선시대 지성의 산실이었기에 학생들을 장래의 선비로 예우했고 유생들의 자부심도 대단했다. 또한 치외법권 지역이어서 균역도 면제였다. 성균관 유생의 정원은 개국 초 150명이었다가 세종 때부터 200명 정도였고, 임진왜란 때 줄었다가 영조 때 늘었으며 말기에 다시 100명으로 줄었다. 3년마다 시행되는 사마시에 합격한 진사 100명과 생원 100명의 입학을 허가했다. 재미있는 것은 보결생제도였다. 성균관에도 뒷문 입학이 어느 정도 허용되었는데 이를 기재생(寄齋生)이라고 했다.

명륜당은 성균관 유생들의 수업 장소로, 오늘날의 대학 강의실과 같은 곳이다. '명륜(明倫)'이란 인간사회의 윤리를 밝힌다는 뜻으로,《맹자》〈등문공편〉에 "학교를 세워 교육을 행함은 모두 인륜을 밝히는 것이다."라고 한 데서 유래했다. 안에는 고종 등의 어필(御筆) 현판을 비롯하여 여러 개의 현판이 걸려있는데, 학문을 탐

유생들의 수업 장소인 명륜당과
그 안에 걸려있는 어필 현판

구하는 유생들에게 항상 눈에 뜨이게 하여 지식 습득에만 치우치지 말고 마음공부를 일깨우려 하였던 뜻이라고 한다.

건물 정면 추녀 밑에 있는 '명륜당(明倫堂)' 현판 글씨는 1606년 명나라의 사신 주지번(朱之蕃)이 우리나라에 왔을 때 쓴 것이며, 안쪽에 보이는 또 하나의 명륜당 글씨는 주자의 글씨를 집자(集字)한 것이다.

"정조가 성균관에 은술잔을 하사하면서 지은 시에 붙인 서문이 '태학은배서시'인데 학생들을 격려하는 임금의 마음이 잘 표현돼 있습니다. 은술잔 안에는 '나에게 아름다운 손님이 있다'는 뜻의 아유가빈(我有嘉賓)이란 글자가 새겨져 있지요."

좋은 사람과 자리를 함께하는 일은 얼마나 좋은 일이던가. 추워도 추운 줄 모르고 밤을 새도 피곤한 줄 모른다. 지금이 바로 그런 시간 같았다. 현판에는 이런 구절도 있었다.

'그대들은 나의 이 말로 하여 혹 느슨하게 생각하지들 말고 한 치 한 푼이라도 오르고 또 올라 마치 100리 길을 가는 사람이 항상 90리를 절반쯤으로 생각하듯이 하라. 자만하고 싶어도 자만할 겨를이 없을 것이다. 계속 노력하여 무궁한 발전을 했으면 하는 마음뿐이다.'

배움 앞에서 잊지 말아야 할 구절일 터였다.

박영선, 서울을 걷다

성인이란
크게 이룬 존재

　성균관에서 마지막으로 둘러볼 곳은 대성전이었다. 성균관은 강학공간인 명륜당(明倫堂)과 향사 공간인 대성전(大成殿)으로 구성되어있는데 왜 이런 구조를 가졌는지 물었다.

　"교(敎)와 학(學)이 분리되지 않아 유학(儒學)이면서 유교(儒敎)임을 상징적으로 보여주는 것이라고 할 수 있죠. 학문이면서 종교였기 때문에 불교와 마찬가지로 유교의 성현을 모시고 예를 올리는 종교 공간을 갖고 있는데 이것이 문묘(文廟)입니다. 사찰에 대웅전이 있듯이 문묘엔 대성전이 있고, 사찰에 관음전과 지장전이 있듯이 문묘에는 동무, 서무가 있어 역대 성현들을 모셨지요."

　"현판의 글씨도 참 깨끗하고 멋집니다. 누가 쓴 건가요?"

　"한석봉의 친필이에요."

　우리에게는 떡 써는 어머니 이야기로 더 잘 알려진 천하의 명필 한석봉의 글씨를 여기에서 볼 줄이야! 지방의 향교에서도 여기 쓰인 대성전 현판을 똑같이 쓰고 있다고 했다.

"대성전의 대성(大成)은 무슨 뜻인가요?"

"공자를 모신 대성전은 공자가 '위대한 성인'인 대성(大聖)이 아니라 크게 이룬 분임을 강조해서 클 대(大), 이룰 성(成)을 써서 대성전이라고 합니다. 성인이란 '초월적인 존재'가 아니라 '크게 이룬 존재'라는 인식과 연관이 있지요."

대성전에 모셔진 아국 18현은 신라, 고려, 조선조의 명현 18명이었다. 이름만 들어도 고개가 끄덕여졌다. 설총, 최치원, 안향, 정몽주, 김굉필, 정여창, 조광조, 이언적, 이황, 김인후, 이이, 성혼, 김장생, 조헌, 김집, 송시열, 송준길, 박세채. 그야말로 쟁쟁한 인물들이었다.

조선조 좌우로 늘어선 동무(東廡)와 서무(西廡)에도 공자의 72제자를 비롯한 중국의 역대 유학자들과 우리나라 아국 18현이 포함된 유학자 112명의 위패를 봉안하였으나 현재 아국 18현을 대성전으로 올려 봉안하고 나머지 공자의 제자와 중국 유학자들의 위패를 매안(埋安: 신주를 무덤 앞에 묻음)하여 현재는 빈 건물로 남아 있다고 한다.

대성전 서편, 서무 서북쪽 담장 밖에는 제향을 준비하는 전사청, 제기고, 포주와 함께 수복청이 있었다. 대성전을 비롯한 성균관을 돌보고 관리하는 일을 하던 사람을 지킬 수(守)에 하인 복(僕)

한석봉이 직접 쓴 대성전 현판

자를 써서 수복이라고 하는데 그중에는 300년 동안 대를 이어 수복을 하던 이들도 있었다고 한다. 수복 정신국의 후손들이다.

병자호란 당시 나라의 위급함을 보고 선비들이나 신하들은 다 도망갔을 때 성균관에 있던 하인 두 명이 이 사당을 지켰다. 상황이 위급해지자 133분의 위패를 지키기 위해 일부는 땅을 파서 묻어두고 공자를 비롯한 4성(聖)과 10철(哲)의 위판을 짊어지고 남한산성으로 피난하였다. 난(亂)이 끝나고 인조 임금이 그들의 공을 치하하고 소원을 물었더니 한 사람은 면천을 원했고, 정신국은 면천과 포상을 마다하고 대대손손 성균관에 봉직할 수 있게 해달라고 말한다. 그 후손들이 조상의 뜻을 받들어 숭례문이 불타기 전까지 성균관에서 살고 있었다고 한다. '역사를 잊은 민족에게 미래는 없다'고 했는데 바로 그런 분들의 정신이 남아있는 곳이 성균관이다.

성균(成均),
소리를 고르듯

"대성전 앞마당 가운데 까만 돌로 깔아 놓은 이 길은 뭔가요?"

"신이 다니는 길, 신로(神路)입니다. 저기 보이는 것이 대성전의 정문인 신삼문(神三門)인데, 성현들의 넋이 드나든다고 해서 신문(神門)이라고도 불리죠. 외삼문은 늘 닫혀있고 봄가을 두 번, 석전(釋奠) 때만 열립니다."

이 신삼문은 임금도 출입하지 못했다고 한다. 임금이 공자에게 예를 올리기 위해 문묘에 가는 것을 알성이라 하는데, 알성할 때 출입하는 문은 어삼문이었다. 가운데 길은 왕의 길, 그 오른편은 왕세자의 길, 반대쪽 길은 신하들이 출입하는 길이었다.

"신분에 따라 다른 길을 걸었네요. 유교는 계급을 나누는 게 차별로 여겨져 오늘날과는 잘 안 맞는 것 같은데요?"

"차별이라기보다 차등이라고 해야지요. 인간을 신분에 따라 차별하는 게 아니라 임금과 신하의 관계를 엄격하게 나누어 차등을 두는 것이 유교 예라고 보시면 됩니다. 그 당시에는 질서를 지키기 위해 각자 맡은 일에 충실했던 거지요. 아버지는 아버지 역할을 다하고, 자식은 자식된 도리를, 임금은 임금의 도리, 신하는 신하의 도리를 다하는 식이었죠. 각자 맡은 역할은 다르지만 거기서 최선을 다하는 것이 바로 유교의 기본 정신인 예라고 보는 거죠."

이곳이 사당이다 보니 사실은 연고가 없으면 들어오지 못하는데 다행히도 대성전에서는 매년 봄가을 두 차례 석전(釋奠)이 열린다. 석(釋)은 '베풀다' 또는 '차려놓다'라는 뜻으로, 제사 지내는 것을 의미한다. 현재 봄과 가을에 성균관을 비롯한 전국 234개의 향교에서도 동시에 열리는데 성균관에서 봉행하는 석전은 의례, 문묘제례악과 팔일무가 행해져 중요무형문화재로 지정되어있다.

간결하면서도 품위 있는 대성전에서 뜰 앞을 바라보았다. 두 개의 나무가 기품 있게 서 있었다.

"명륜당 은행나무도 참 멋있었는데 대성당의 두 나무도 좋네요. 저 나무는 어떤 나무인가요?"

"측백나무입니다. 대성전의 좌측, 즉 동쪽에 있는 나무는 세 가지이기에 삼강나무라 합니다. 대성전의 우측, 즉 서쪽에 있는 나무는 다섯 가지로 뻗어 있지요? 그래서 오륜나무입니다."

설명을 듣고 보니 더욱 신통했다. 나무도 자기가 자라고 있는 땅이 성균관의 땅이라는 것을 알았던 것일까. '성균(成均)'은 주례의 대사악에 나오는 용어로, 음악을 조율하는 것과 같이 어그러짐을 바로잡고, 지나치고 모자라는 것을 고르게 한다는 뜻을 지니고 있다. 성균관 대성전의 두 나무도 마치 의지가 있는 존재인 양 가지를 고르고 뿌리를 바로잡아 나간 것처럼 보였다. 그리고 분명 성균관 유생들의 하루도 그랬을 터였다.

우리가 배움을 통해 진정으로 깨닫고 이해했다면 그것을 자신을 통과해 밖으로 내보낼 수 있어야 한다. 일방적으로 습득해 소유한 지식은 온전한 배움이 될 수 없기 때문이다. 건강한 배움은 혼자 간직하는 게 아니라 타인 앞에 드러내어 검증받으며 더 나은 방향으로 가는 것이다. 소통하는 배움, 나눌수록 더 커지는 가르침, 그것이 성균관 은행나무 그늘 아래서 가슴 벅차게 확인하게 된 배움의 진정한 목표일 것이다.

비천당

향관청

존경각

정록청   서리청

명륜당

서재   동재   진사식당

하련대

전사청
수복청   대성전
제기고   서무   동무

묘정비각

신삼문

탕평비각

하마비

혜화역 방향 ↓

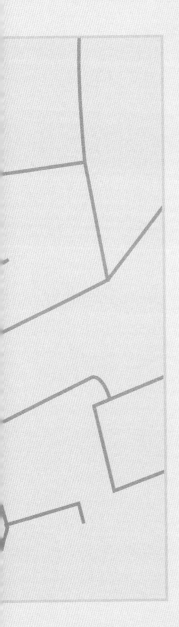

함께 성장하는 도시 서울

문화

· · · ·

S E O U L

· · ·

6

다양한 삶의 문화가
공존하는 곳

한국 천주교의
살아있는 역사,
명동성당

명동을 걷기로 한 날은 마침 성탄절이었다. 종교에 관계없이 명동성당 앞에 모여 명동을 걷는 이 날이 특별한 크리스마스 선물 같았다.

명동은 대로변에서부터 뒷골목에 이르기까지 다양한 문화를 지닌 곳이다. 성탄절인 오늘만큼은 온 세상을 하나로 아우를 수 있는 '평화의 문화'가 명동뿐만이 아니라 우리나라, 더 나아가 세계에 자리 잡기를 기원했다.

서로의 마음과 이 세상에 평화가 머물기를 바라며 우리는 명동성당으로 향했다. 명동 답사를 책임져줄 분은 덕수궁과 정동길을 함께 걸었던 안창모 교수였다. 명동성당 길을 따라 올라가 명동성당 주변과 관련된 역사와 건축사, 그리고 민주화와 관련된 해설을 들을 예정이었다. 내려오는 길은 명동예술극장 쪽으로 잡았다.

한국천주교 서울대교구 주교좌 명동대성당, 통칭 명동성당(明

洞聖堂)은 중구 명동 2가에 있는 천주교 서울대교구의 대성당이다. 1898년 공사를 완료했는데 당시의 이름은 종현성당(鐘峴聖堂)이었다. 원래 이곳의 이름은 종현(鐘峴), 우리말로는 '북달재', 종처럼 높은 언덕이라는 뜻이다. 1945년 이름이 명동성당으로 바뀌고, 사적으로도 지정되었다. 2018년은 명동성당이 지어진 지 120년 되는 해이니만큼 특별한 의미로 다가왔다.

"한국 천주교를 대변하는 대성당인 명동성당이 이곳에 자리 잡게 된 특별한 이유가 있다면서요?"

"한국 천주교의 살아있는 역사라고 할 만큼 의미가 큰 곳이지요. 전 세계 2,000년 천주교회사에서 유일하게 평신도 스스로 신앙을 받아들인 곳이 한국이었고, 그 과정에서 예배당 역할을 했던 곳이니까요. 조선시대에 이 일대는 명례방(明禮坊)에 속해있던 곳이었습니다. 천주교가 유입된 이후 신도들의 신앙공동체가 형성된 곳일 뿐 아니라 신자 김범우의 집이 위치했던 의미 깊은 곳이었지요."

"명동성당 같은 서양식 건물이 거의 없던 시대에 지어진 데다 종교 관련 건물이어서 파장이 컸을 것 같은데요?"

그렇다. 명동성당을 건축하는 바람에 선왕의 어진을 모시는 영희전이 현재 서울대병원 쪽으로 옮겨지는 사건도 있었다고 한다. 명동성당을 서양 오랑캐의 건물이라고 여겼던 당시 사람들은 명동성당이 영희전을 내려다보는 구도를 참아내기 어려웠을 터였다.

1950년대 명동성당과 2017년의 명동성당

박영선, 서울을 걷다

"도시경관 측면에서 언덕 위에 세워진 높이 50미터의 성당은 매우 충격적인 장면이었을 겁니다. 서울 어느 곳에서든 잘 보였을 거고요."

"일종의 랜드마크 역할을 했겠군요. 그래도 당시 시대적 상황을 고려하면 쉽게 받아들이긴 어려웠을 것 같은데요. 종교적 위상이나 서양건축의 입지적 위치를 이해한다고 해도 이곳에 서양 종교 건물이 들어선다는 사실 자체가 그냥 넘길 순 없는 문제였을 것 같아요."

"그렇습니다. 게다가 이 무렵 신축된 성당 건물은 모두 한결같이 언덕 위에 자리 잡고 있었거든요. 대지의 소유권 문제로 공사가 중지될 만큼 논란이 빚어지기도 했지만 프랑스 공사관의 노력으로 대지 소유권 문제가 해결되어 1890년 주교관이 먼저 건축되었습니다. 명동성당에서 가장 오래된 건물은 성당이 아니라 주교관이었습니다. 주교관은 앞으로 천주교 역사박물관으로 새롭게 태어날 예정입니다."

민주화 운동의
성지

　명동성당은 한국 천주교를 대표하는 대성당으로 종교적인 면
은 물론 건축학적인 면에서도 이야깃거리가 많은 곳이다. 그러나
명동성당을 이야기할 땐 그 무엇보다 '민주화의 성지'라는 말을
빼놓을 수 없다.

　1950년 한국전쟁 이후 이승만 정권에 대한 반독재 투쟁에 앞
장서기 시작하며 이후로도 줄곧 시대의 불빛이 되어 역사적인 장
소로 자리매김했다.

　수많은 성직자들이 시대의 아픔과 민중의 눈물을 가슴에 품고
불의와 폭력에 맞서 인권을 지키기 위해 당당하게 맞섰다. 민주
화 운동과 관련된 수배자나 시위대가 정권의 탄압을 피해 명동성
당으로 모여들면서 현대사의 고비마다 지성과 양심의 보루 역할
을 해왔던 것이다.

　군부독재의 서슬이 시퍼렇게 살아있던 1987년 5월 18일 명

동성당에서 '5·18 광주항쟁 희생자 추모미사'가 끝난 후 정의구현사제단은 명동성당에서 박종철 고문치사 사건의 진상이 조작됐다는 성명을 발표했다. 이후 명동성당은 한국 사회의 부조리에 항거하는 광장이자 민주화의 성지이며, 가난하고 억눌린 이들의 성소로서 상징성을 갖게 되었다.

1990년대 들어서도 사회가 지닌 모순과 쟁점을 표출하는 시민운동의 핵심공간이 되어 우루과이라운드 문제, 원진레이온공장 공해 문제, 외국인 노동자 문제, 대선자금 공개 문제 등을 제기하며 지금도 여전히 우리 사회의 양심을 지키는 데 중요한 기능을 하고 있다.

민주주의는 피를 먹고 자란다고 했던가. 오늘날 우리가 누리는 시대의 평화는 저절로 생긴 것이 아니라 수많은 이들의 피땀과 노력으로 이루어졌음을 명동성당에서 다시 한 번 느낄 수 있었다. 평화는 말로 이뤄지는 것이 아니라 행동으로 만들어지는 것이다. 명동성당을 보며 지난 세대가 힘겹게 만든 이 소중한 것을 더욱 힘차게 가꾸고 키워나가야겠다고 다짐했다.

김수환
추기경에 대한
추억

    명동성당 하면 가장 먼저 떠오르는 분은 김수환 추기경이다. 직접 추기경을 뵌 것은 명동성당에서가 아니라 은퇴 후 거처로 삼고 있던 혜화동 주교관이었다. 기자로 활동하던 당시 주교관에 초대받은 적이 있었다. 추기경이 사제서품을 받은 지 50년 되던 해인 데다 팔순까지 겹쳐 기자들과의 자리를 마련한 것이었다. 평소 뵙기 어려운 분이라 기자간담회 전에 인터뷰를 하고 싶었지만 비서 수녀님은 인터뷰는 곤란하다는 말만 되풀이했다. 잠시 고민했지만 이때가 아니면 뵐 수 없을지도 모른다는 생각에 당일 아침 일찍 주교관으로 갔다. 문상을 갔다 돌아오실 예정인 추기경을 만나기만을 바라고 있는데 얼마 후 지나가던 검은색 차의 창문이 열리고 추기경이 웃는 얼굴로 말을 걸었다.

    "텔레비전에서 많이 보던 그 사람 아냐? 여긴 웬 일로?"

    다행스럽게도 나를 알아봐주셔서 한걸음에 달려가 인터뷰 요청을 드리니 너무 쉽게 허락을 하셔서서 놀란 쪽은 나였다.

집무실은 소박하고 검소했다. 추기경의 모습을 그대로 보여주는 듯했다. 당시 내 수첩에는 딱 세 가지 단어만 쓰여있었다. 3김, 남북문제, 성직자. 숨을 고르고 질문을 하나 던졌다.

"지금 사람들이 교회에 바라는 게 무엇이라고 보십니까?"

"사람들이 종교나 교회에 제일 크게 무엇을 기대하겠습니까? 단지 개개인의 마음을 위로하는 것일까요? 종교나 교회는 그 사회에서 빛과 소금의 구실을 다해줄 것을 바라고 있고, 개개인의 마음뿐 아니라 사회 전체의 분위기도 도덕과 윤리로써 정화시켜주기를 원하고 있지 않습니까? 만일 사회가 도덕적으로 타락하고 부정부패로 썩어가고 있는데도 교회가 아무 것도 하지 않고 보고만 있다면 사람들은 직무유기라고 말하지 않겠습니까?"

추기경의 목소리는 단호했다. 어떤 질문을 던져도 거침없이 자신의 생각을 말했다. 남북관계에 대해서도 화해와 협력이라는 일관된 자세를 견지했다. 그가 가톨릭의 수장이라는 종교인의 위치를 넘어 우리나라 사람들의 가슴에 정신적 지주로 남은 이유는 진보적이면서도 교파를 초월하는 입장을 지키며, 성직자와 평신도들 모두에게 이 땅의 민주화와 인권을 위해 투신하도록 행동으로 격려했기 때문일 것이다.

우리나라를 대표하는
고딕성당

   명동성당에 오면 대부분 눈앞에 있는 1898년에 건축된 성당만 보려 한다. 하지만 명동성당 주변에도 역사적인 건축이 많이 있을뿐더러 일대에서 명동성당이 가장 오래된 것도 아니었다. 1890년에 건축된 사도회관이 예전에는 사제관으로 사용되었는데, 현존하는 가장 오래된 서양식 건축이다. 우리나라 최초의 서양식 벽돌 교회 건축물인 약현성당이 1892년에 지어졌으니 약현성당보다 더 오래된 건물이었다.

   명동성당은 일반인의 접근이 자유로운 대성당만 알려져서 하나의 건물로 된 줄 아는 이들이 많다. 하지만 대성당 뒤에 잘 알려지지 않은 수녀원 권역이 있는데 그곳에는 성당이 세 개 있다. 해방 전에 지어진 두 성당은 현재 사용되고 있지 않지만 해방 후 건축가 김원의 설계로 지어진 성당은 고전적이면서도 모던한 감각으로 주변 환경과 조화를 이루고 있다.

박영선, 서울을 걷다

우리나라 최초의 벽돌 성당인 약현성당

당당하게 서 있는 명동성당은 상징적인 의미도 컸지만 보는 것만으로도 아름다웠다. 건축사적으로도 의미가 컸다.

"우리나라를 대표하는 고딕성당이지요. 명동성당은 유럽에 가면 어디에서나 쉽게 볼 수 있는 성당건축과는 모습이 사뭇 다릅니다. 일단 유럽의 성당건축이 돌로 지어진 데 반해 명동성당은 벽돌로 지어졌어요. 명동성당은 신성성이 매우 강조되는 고딕건축양식입니다. 높게 솟은 첨탑과 스테인드글라스를 통해서 비춰지는 내부 공간의 성스러움이 중세 고딕성당의 신성한 분위기를 만드는 중요한 요소였지요. 고딕건축은 당시 다른 건축물에 비해 놀랄 만큼 높은 고층 건축이에요. 명동성당은 높이가 50m 정도인데 당시의 건축술로 보면 대단하다고밖에 할 수 없죠."

"그 옛날에 어떻게 이렇게 높은 건축물을 지을 수 있었을까요?"

"해답은 아치구법에 있습니다. 작은 벽돌을 아치로 쌓으면 큰 공간을 만들 수 있는데, 일반적인 아치의 끝을 뾰족하게 만들면 넓은 공간을 높이 쌓아올릴 수 있지요. 그래서 고딕건축에 뾰족한 아치가 많습니다. 이런 아치를 '포인티드 아치'라고 부릅니다."

성당건축의 중요한 특징으로 스테인드글라스도 있다. 스테인드글라스는 한마디로 그림이 그려진 유리창이다. 유리창에 그림을 그린 이유는 성당건축이 탄생한 곳과 공간 구조에서 찾을 수 있다. 신을 향한 강한 믿음이 크고 높은 성당을 건축하는 것으로 표출되었는데, 크고 높은 성당을 지을 경우 부딪치는 문제가 어두운 실내였다.

　더구나 고딕건축이 탄생한 곳은 북유럽이었는데 남유럽에 비해 상대적으로 빛이 부족한 지역이었다. 이 문제를 해결하기 위해 넓은 창이 필요했고, 구조가 허락하는 한도 내에서 창을 크게 만들었다. 그러다 보니 벽체 면적이 크게 줄었고, 벽체 면적이 줄다 보니 신의 말씀을 전하는 성화를 그릴 수 없었다. 당시는 문맹률이 높던 시절이었기 때문에 성화는 신의 말씀을 전달하는 중요한 수단이었다.

　이 문제를 해결한 것이 스테인드글라스다. 스테인드글라스는 크고 넓은 성당의 내부에서 필요한 빛을 받아들이면서도 하느님의 말씀을 전하는 메신저의 역할도 훌륭하게 해결한 것이다. 여기에 어두운 실내에서 화려한 색과 빛으로 다가오는 하느님의 말씀은 교회의 신성성을 한층 높이는 효과도 있었다.

명동성당의 스테인드글라스

박영선, 서울을 걷다

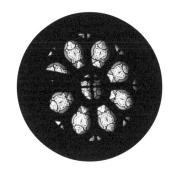

성당 내 포인티드 아치 구조물

다양한 삶의 모습과
시대의 얼굴을 드러내는 명동

　명동성당을 나오자 오른쪽에 가톨릭회관이 보였다. 지금 보기에도 꽤 큰 현대적 건물인데, 1960년 당시에는 서울에서 가장 패셔너블한 건물이었다고 한다. 용도도 사무실이 아닌 병원으로 쓰였는데 많은 사람들이 아직도 기억하고 있는 명동성모병원이었다. 을지로에 지어진 국립의료원과 함께 병원의 현대화를 이끈 건물이었다.

　"가톨릭회관은 우리나라 최초의 커튼월 건물이었죠. 최초로 인공적인 색을 가진 건물이기도 했고요."

　커튼월이란 하중을 지지하고 있는 칸막이 구실의 바깥벽으로, 패널을 규격화하여 통일감을 주는 것이 특징이다. 주로 고층 또는 초고층 건축에 많이 사용되었다.

　건너편에는 YWCA 건물이 있는데 건축에 대해 잘 모르는 내 눈에도 꽤 멋진 현대식 건축으로 보였다. 특히 저층부 벽면의 조

가톨릭회관

각이 인상적이었다. 안 교수 설명에 따르면 1960년대에는 건물의 벽면에 조각을 설치하는 경우가 많았다고 한다.

명동성당을 내려가는 길은 조선시대부터 있던 길이었다. 지금처럼 넓지는 않았지만 역사를 담고 있는 길임엔 틀림없었다. 그런데 명동엔 일제강점기의 흔적이 별로 없는 듯했다. 당시 청계천 남쪽에 일본인들이 많이 살았던 '남촌'이 있었고 명동은 남촌의 심장부였기에 일제강점기의 흔적이 매우 많이 남아있을 것이라고 생각한 것과 다른 모습이었다.

"명동엔 일제강점기의 흔적이 많이 안 보여요. 왜 그런가요?"

"명동 입구에 중국 영사관이 있었고, 안쪽에는 프랑스 교회로 불렸던 명동성당이 큰 땅을 차지하고 있었기 때문이죠. 이로 인해 명동 주변은 빠르게 일본의 상권이 도시를 변화시켰지만, 명동 안쪽으로는 일본 상권의 침투가 약했어요."

명동 안쪽까지 일본 상권이 침투하진 못했다고 하더라도 명동이 일본의 영향에서 자유로웠던 것은 아니었다. 지금과 같은 대규모 상업지역으로 바뀐 것이 일제강점기 일본인 거주지가 들어서면서부터였기 때문이다. 일제강점기부터 발달한 명동은 문화와 금융의 중심지를 거쳐 현재는 수많은 관광객들의 쇼핑 중심지구가 되었다.

걷다 보니 어느새 명동예술극장 앞이었다. 고풍스러우면서도 화려한 외관을 한 명동예술극장은 그 자체로 눈길을 끌기에 충분

했다.

"이 건물은 '명치좌'라는 이름을 건 영화관이자 극장이었죠. 이 곳에 처음 극장이 들어선 것은 일제강점기인 1936년이에요. 주로 일본 영화를 상영했는데, 해방 이후 '국제극장'으로 간판을 바꿨다가, 서울시가 인수하면서 '시공간'이란 이름으로 바뀌어 연극공연장으로 자리 잡기 시작했지요."

이후 명동국립극장으로 다시 이름을 바꾸면서 대한민국 연극 공연의 중심이 되어 '명동시대'를 이끌었다. 1973년 장충동에 국립극장이 지어지면서 명동국립극장은 국립극장 예술분관이 되었지만, 얼마 안 가 금융회사에 인수되었다가 문화관광부가 건물을 매입하면서 지난 2009년 연극 전문 공연장인 명동예술극장으로 다시 태어났다. 명동의 역사처럼 명동예술극장 또한 우여곡절이 많은가 싶었다.

"건물 생김새도 독특합니다. 이런 건물을 무슨 양식이라고 하나요?"

"여러 양식이 혼합된 절충주의 양식이지만, 바로크건축양식의 특징을 많이 가지고 있습니다. 비슷한 건물로 남대문로의 광통관이 있지만 분위기는 많이 다릅니다. 천도교 중앙대교당도 대표적인 절충주의 건축양식의 건축물이지요."

1930년대 말에 만들어진 도시 경관이 거의 그대로 살아있는 명동길을 걷다 보니 한 가지 이상한 점이 있었다.

"명동은 일제 때 금융과 소비의 중심이었던 곳인데 왜 건물은 일본식으로 안 지었을까요?"

"잘 보셨네요. 일본이 우리나라에 지은 큰 건물들은 일본식이 거의 없습니다. 일본 절이나 신사의 경우는 일본 건축양식으로 지어졌지만, 관공서나 공공건물 같은 건 다 서양식으로 지었어요. 심지어는 우리가 일식집이라고 이야기하는 일제강점기 일본사람들의 집도 건축양식으로 보면 사실은 서양식인 경우가 많습니다."

"왜 그랬을까요?"

"그들도 알았던 거죠. 자기들 문화의 뿌리가 중국과 한국에 있다는 것을요. 대부분 식민지를 개척한 나라들은 자국의 문화를 식민지에다가 심거든요. 그런데 일본은 그러지 않았어요. 아니 그러지 못한 것이라고 생각해요. 자기네 문화의 뿌리가 여기에 있기에 우리에게 전수받은 건축술로 지어진 건축으로는 일본이 조선에 대한 힘의 우위를 보여줄 수 없었기 때문이죠. 그래서 서양식 건축을 지은 겁니다. 조선총독부 건물도 일본식이 아니라 전부 서양식이었죠. 자기들이 서양과 동일한 힘을 가진 주체라는 것을 보여주기 위해서였죠. 비록 우리나라를 식민지화했지만 문화적으로 콤플렉스를 갖고 있었던 게 아닐까요? 이 주변에 있는 건물들이 르네상스, 바로크, 모던 양식으로 뒤섞여 지어진 것도 그 이유 때문이라고 생각합니다."

일본이 의식적으로야 어떤 이유를 내세웠건 자신들의 문화를 옮겨오지 못한 이유가 있을 터였다. 서양의 문화에 심취해서 일방적으로 따라갔다고 단적으로 말할 수도 없을 것이다.

그러나 그 시대의 풍경 속에서 한 가지 확고하게 느낀 것이 있었다. 가혹한 일제강점기를 거쳤어도 우리나라의 문화적 뿌리가 완전히 뽑히지는 않았다는 점이다. 외관이야 일본 혹은 서구의 영향을 받아 건물부터 사람들의 모습까지 변했다 하더라도 내면을 통과하는 면면한 정신의 흐름만은 그들도 어쩌지 못한 것이다.

근현대사의 흔적을 간직한
금융의 중심가

　　다음 행선지는 남대문로였다. 남대문로는 조선 초 한양 천도 이후 500여 년 동안 남대문에서 종각까지 이어진 조선시대 대표적인 간선도로이자 상업중심 가로였다. 보신각이 위치한 곳에서부터 남대문에 이르는 길이어서 붙여진 이름이다. 일제강점기인 1914년 남대문통(南大門通)으로 지정된 뒤 1946년 현재의 이름으로 바뀌었고, 구간은 남대문에서 보신각 또는 종로타워(옛 화신백화점 터)까지 약 1.5km다. 1984년 도심 쪽이 기점이 되고 남대문에서 서울역까지로 연장되어 현재의 구간이 되었다.

　　남대문로는 도로변에 롯데백화점과 신세계백화점 등 대형 백화점이 즐비하고, 퇴계로와의 사이에 대규모 도매시장인 남대문시장이 있어 유동인구 및 통행량이 많은 곳이다. 또한 한국은행을 비롯해 국민은행, 신한은행, 우리은행, SC제일은행 등 주요 시중은행의 본점이 거의 다 이 거리에 있다. 한국금융의 중심지답

게 대규모 빌딩이 밀집하여 인근 태평로 및 소공로과 함께 서울의 대표적인 업무지구로 손꼽힌다.

은행 건물들 중에는 우리나라 근현대사의 흔적을 그대로 간직하고 있는 건물들이 많았다. 대표적인 것이 남대문로 주변의 광통관과 한국은행광장 주변에 위치한 한국은행 본관과 옛 조선저축은행이 있다.

"한국은행 본관은 조선 말기 건축물로 건물의 내부는 한국전쟁 당시 소실된 것을 1956년에 원상태로 복구한 것입니다. 좌우 대칭형인 화강석 석조건물로 지붕은 프랑스에서 르네상스 시기에 지어진 성의 지붕을 많이 닮아서 성관(城館)풍 르네상스기 건축이라고 불리기도 합니다. 성관이라는 건 서유럽에서 15세기 초부터 17세기 초엽에 걸쳐 건축된 군주·제후·귀족의 거성이나 별장을 말합니다."

"SC제일은행은 조선저축은행이었던 곳이었죠?"

"네. 서울특별시 유형문화재로 지정되어있죠. 1929년에 설립된 조선저축은행의 본점으로 1935년에 지어진 건물입니다. 네개 층을 관통하는 거대한 기둥이 매우 인상적인 역사주의 건축양식입니다."

"지금 롯데백화점과 신세계백화점이 있는 곳은 우리나라 최초의 백화점들이 있던 곳이지요?"

"그렇죠. 그때 유명하던 백화점이 미츠코시백화점, 조지야백화점, 화신백화점이었습니다."

조지야백화점은 해방 후 미도파백화점을 거쳐서 지금의 롯데백화점 영플라자가 되었고, 미츠코시백화점이 오늘의 신세계백화점이다. 신세계백화점은 우리나라 백화점 중 유일하게 본점의 옛 건물을 그대로 쓰고 있는 백화점이다. 르네상스 건축양식으로 1930년에 지어진 건물이다. 세계 최초의 백화점인 프랑스 봉마르셰와 영국 왕실백화점 해러드의 외관과 매장 구성을 모방한 것으로 알려졌다.

"신세계백화점 터에는 일본 영사관이 있었습니다. 1882년 임오군란이 일어나서 일본 공사관이 불에 타니까 일본 공사관이 남산 안으로 깊이 들어가버립니다. 당시 반일감정이 한창 높을 때라 시내 주요 시설에 나오질 못했죠. 그러다 1894년 청일전쟁에서 일본이 승리한 후 공사관을 다시 지으려고 했는데 그게 조금 부담스러웠는지 영사관을 짓습니다."

"공사관 대신 영사관을 지은 이유가 있겠지요?"

"영사관은 외국에서 거주하는 자국 국민들을 보호하는 기능을 갖잖아요. 이 자리에 영사관을 지어서 뒤편에 있던 일본인 동네와 서울 시내 번화가의 경계를 지은 거죠. 영사관 건물은 1910년 한일병탄 후에 경성부청으로 바뀝니다. 지금 신세계백화점이 있는 자리가 1910년부터 25년 동안 경성부청으로 사용되던 장소입니다. 1926년 지금의 서울시청 자리로 옮겨진 후 터를 잘라 팔았는

서울중앙우체국

SC제일은행 제일지점

명동예술극장

신세계백화점

한국은행 본관

주한 중국 대사관

데 그 일부에 지금의 신세계백화점인 미츠코시백화점이 들어왔
고, 나머지 일부엔 조선저축은행, 즉 지금의 SC제일은행이 들어
서게 된 겁니다."

　또 하나 눈에 띄는 곳은 서울중앙우체국 건물이었다. 서울중앙
우체국은 경성우편국이었던 곳으로 1884년 설치한 한국 최초의
우편행정 관청인 우정총국(조계사 옆에 위치해 있으며 현재 체신기념
관으로 사용 중)이 그 시초였다. 1906년 통감부 설치 이후 경성우
편국으로 이름이 바뀌었으며, 1915년에 현재 위치에 붉은 벽돌
의 신청사가 지어졌지만 한국전쟁 때 파괴되었다. 1939년 경성
중앙우편국, 1949년 서울중앙우체국으로 명칭이 바뀌어 오늘에
이른다. 서울중앙우체국은 건립된 지 30년이 넘어 낡고 협소해진
옛 건물을 철거한 후 2007년 새 건물을 준공해서 예전의 모습을
찾기 어려웠다.

　　　　　　　　　　　　　　　　　　　　　　박영선, 서울을 걷다

성공과 개발의 문화에서
공감과 소통의 문화로

   명동에서 가장 인상 깊었던 곳은 중국인 거리로 불리는 주한 중국 대사관과 한국한성화교소학교 앞이었다. 중국 대사관 앞에 서자 일단 그 규모에 놀랄 수밖에 없었다.

   "우리나라에 있는 외국 대사관 중에 가장 큰 규모입니다. 2013년 신축했는데 중국 대사관 공사 당시, 중국 업체가 공사를 담당했어요. 대부분의 자재를 중국에서 들여온 것은 물론 인부들까지 최대한 중국인을 썼지요. 차이나타운 없는 서울에서 중국적인 분위기가 가장 강한 곳인데, 주변엔 중국인 자녀들을 위한 초등과정 학교인 '한국한성화교소학교'가 1909년부터 이곳에 자리 잡고 있어 국내 중국인들의 구심점이 될 수밖에 없었지요."

   원래 중국 대사관 자리는 19세기 말 청나라 군대의 주둔지였다. 임오군란이 일어나자 이를 진압하기 위해 한양으로 진주한 청나라 군대가 사들여 머물렀던 곳이다. 중국 대사관 입구 주변엔 중국 관련 물건을 판매하는 가게들이 많았고, 화교들이 운영하는 음식점에서 나는 맛있는 냄새가 식욕을 돋우었다. 이 거리를 콴첸루(官前街)라고 부르는데, 말 그대로 대사관 앞 거리라는 뜻이라고 한다.

"명동에 자리를 잡은 화교들이 뿌리를 내리고 살기 시작한 것은 조선 후기부터예요. 아이들이 성장하자 교육기관의 설립이 절실해졌죠. 그래서 문을 연 것이 한국한성화교소학교였습니다. 현재 전국 14개의 화교학교 중 가장 큰 규모입니다."

"교육체계는 어떤가요?"

"중화민국의 교육편제를 따르고 있어요. 아이들 중에는 대만 국적을 가진 아이들도 있고, 중국 국적을 가진 아이들도 있지요. 그러나 국적을 떠나 모든 학생들이 공부할 수 있는 학교를 표방하고 있습니다."

10월 10일은 중국인들 사이에서 매우 중요한 날이다. 아시아 최초로 전제정권을 무너뜨리고 공화국정부를 수립한 '신해혁명'의 날이기 때문이다. 한국한성화교소학교도 해마다 10월 10일이면 기념식 행사를 치르는데 대만의 소수민족 춤과 중국 전통 부채춤이 함께 어우러져 진풍경이 펼쳐진다고 한다. 중국과 대만의 외교문제를 떠나 '화교'라는 이름으로 하나가 되는 것이다. 세상 어디에 있든 유대인이 유대인의 문화로 하나가 되듯 이들도 화교문화 아래 하나가 되는가 싶어 새삼 '문화의 힘'을 강하게 느꼈다.

명동성당에서 명동예술극장, 한국은행에 이르기까지 명동을 걷고 나자 명동은 종교, 예술, 금융, 건축 등 여러 분야에서 그 시대의 문화를 수용하며 드라마틱하게 변해온 곳이라는 생각이 들었다. 그만큼 다양한 변천을 겪었고 과거의 흔적 또한 빠르게 지워졌을 것이다. 명동은 삶의 다양한 문화를 총체적으로 드러내는 곳이었다. 과거에도 현재에도 명동은 늘 가장 선두에서 시대의 얼굴을 보여주고 있었다.

21세기는 문화강국이 살아남을 것이라는 이야기를 종종 한다. 그렇다면 우리는 어떤 문화적 역량을 갖추어야 할까. 우리의 삶의 질을 향상시키는 문화를 만들기 위해 무엇을 버려야 하고, 무엇을 만들어가야 할까.

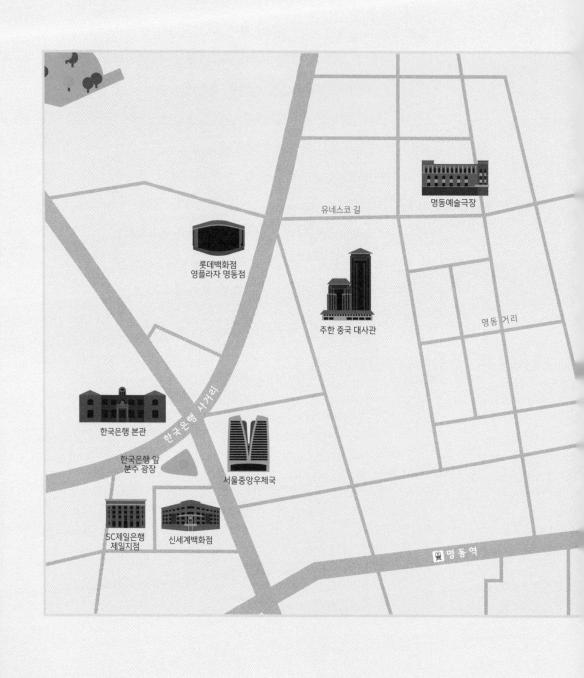

명동예술극장

유네스코 길

롯데백화점
영플라자 명동점

주한 중국 대사관

명 동 거 리

한국은행 본관

한국은행 사거리

한국은행 앞
분수 광장

서울중앙우체국

SC제일은행
제일지점

신세계백화점

명 동 역

울
YWCA

명동성당 가톨릭 회관

명동성당

퇴계로

[서울을 걷다]

명동

7

삶의 문화
죽음의 문화

종묘,
인류의 보편적 가치가
담긴 곳

"서양에 파르테논 신전이 있다면 동양엔 종묘가 있다."

일본 건축계의 거장 시라이 세이이치가 일찍이 종묘를 보고 감탄하며 남긴 말이다. 프랭크 게리 등 세계적으로 유명한 건축가들이 생전에 한 번은 꼭 가봐야 하는 장소로 손꼽은 곳이기도 하다.

종묘는 조선왕조의 역대 국왕들과 왕후들의 신주를 모시고 제례를 올리는 유교 사당이다. 일종의 신전인 셈이다. 그래서였을까. 종묘는 그 앞에 서는 것만으로도 옷깃을 여미게 한다.

창덕궁 남쪽에 있는 종묘는 1995년 우리나라 문화유산 중에선 처음으로 유네스코 세계유산 유형유산에 등재되었다.

또한 종묘에서 행해지는 종묘제례는 2001년 유네스코 세계유산 무형유산에 등재되었으니 우리나라의 대표적인 문화유산일 뿐 아니라 인류의 보편적인 가치를 추구하는 위대한 문화유산임에 틀림없다.

2018년 무술년을 맞아 〈서울을 걷다〉의 첫 번째 장소였기에 더욱 의미가 깊었다. 종묘는 어느 계절에 와서 봐도 다 좋지만 특히 겨울, 눈이 내렸을 때 와보면 마치 진경산수화의 한 장면을 보는 듯하다고 한다. 종묘 답사는 경복궁, 삼청동 그리고 정독도서관도 함께 걸었던 한국예술종합학교의 김봉렬 총장과 동행했다. 〈서울을 걷다〉를 진행하면서 몇 번을 함께해서인지 종묘를 걷기 위해 오신 분들도 김 총장과 친근하게 새해 인사를 나누었다.

"새해 복 많이 받으세요."

"새해 복 많이 받으십시오."

"지금 저희가 서 있는 이곳이 종묘의 정문인데요. 우선 궁금한 게 종묘를 이곳에 만든 이유가 있겠지요?"

"네. 종묘를 도성에 배치한 원칙은 중국 주나라의 도성 제도에 근거하고 있어요.《주례(周禮)》에 '좌묘우사'라는 기록이 있어요. 이런 원칙에 따라 종묘는 정궁인 경복궁의 왼쪽에 자리 잡게 되었죠. 경복궁의 오른쪽엔 사직단을 배치했고요."

"그런데 종묘의 정문이 그동안 보아왔던 궁궐의 문과 다른 것 같습니다."

"맞습니다. 종묘의 정문을 외대문(外大門)이라고 하는데, 다른 궁궐의 대문과는 다르게 맞배지붕을 취하고 있는 데다 삼문의 형식을 취하고 있지요. 궁궐이 아니라 사당으로 지은 건물이니까요. 사직단 등 제사용 건물에서는 삼문의 형식을 취한 걸 볼 수 있습니다.”

　“외대문이 삼문의 형식을 취한다고 하셨는데 세 칸인 이유가
있나요?”

　“가운데 문은 신령이 드나드는 문입니다. 동입서출(東入西出),
즉 오른쪽으로 들어가서 나올 때는 왼쪽으로 나오게 되어있죠.
우리도 들어갈 때는 오른쪽으로 들어가겠습니다.”

　우리는 오른쪽 문을 통해 종묘로 들어섰다. 김 총장은 종묘의
특징이 단순히 건축물에만 있지 않다고 덧붙였다. 제례와 제례악
을 그대로 보존하고 있는 것도 훌륭한 점이라는 것이다. 하나의
문화유산이 유형유산과 무형유산 두 가지를 다 온전히 보존한 데
다 그것을 이루는 형식과 내용마저 탁월하다는 사실에 새삼 우리
문화에 대한 자부심이 느껴졌다.

선(線)의 건축

"종묘는 선(線)의 건축입니다."

김 총장의 말을 들으며 종묘 정문을 들어서자 정전에 이르는 주도로가 북쪽을 향하여 철(凸)자 모양의 거친 박석으로 길게 깔렸다.

"사실 일반인 분들에게 종묘는 인기 있는 답사 장소가 아닙니다. 와서 보면 뭐가 좋다는 건지, 재미가 없다는 말도 종종 하시고요. 하지만 종묘는 건축적으로는 물론 철학적으로도 아주 중요한 곳입니다. 지금 우리가 정문을 들어왔는데도 아직 건물이 안보이죠? 다른 나라의 경우는 이렇지 않습니다. 정문을 들어서자마자 정전이 보이고 위엄이 갖춰져 있죠. 그런데 종묘는 그냥 숲속이잖아요. 그저 길만 있죠. 그런데 이 길이 아주 중요합니다. 제가 종묘는 선의 건축이라고 한 것도 바로 이 길과 연관이 됩니다. 여기 길을 잘 보세요. 세 개로 이뤄져 있지요?"

"네. 가운데가 높은데요."

"잘 보셨습니다. 신로(神路)라고 부르는 길입니다. 혼령들이 오가는 길이죠. 향, 축문, 폐백 등 제사 예물이 오가기 때문에 신향로(神香路)라고도 해요. 오른쪽은 왕이 다니는 어로, 왼쪽은 세자가 다니는 세자로지요."

김 총장은 종묘에서 가장 중요한 것이 바로 이 '길'이라고 다시 한 번 강조했다.

"길이 중요한 이유는 이 길을 쭉 따라 가면 그게 바로 제사의 순서이기 때문입니다. 오늘 우리도 이 길을 따라 가보려고 해요. 이 길이 만드는 선을 따라가야 비로소 종묘의 의미와 공간성을 알 수 있습니다. 그래서 종묘를 선의 건축이라고 표현한 겁니다."

보통 제례용 건축에서는 좌우대칭으로 배치의 축을 통일하는데 종묘의 건물들은 그렇게 만들지 않았다고 했다. 오히려 자연 지세에 순응하며 어울리도록 배치했다. 각 영역을 이루는 건물들은 서로 독자적인 지형 축을 따라 세워지고, 이들은 여러 개의 길들로 통합되었다.

"이 길은 어디로 이어집니까?"

"신향로는 정전 신문을 통해 묘정 월대로 난 신로에 이어지고, 어로와 세자로는 어숙실 일관에 닿습니다. 또한 신로는 종묘 정전과 영녕전 남쪽 문을 지나 묘정 상월대 아래에 닿기 때문에 남문을 신문(神門)이라고도 하지요."

관람객들은 신로를 피해서 걸어야 한다.

울퉁불퉁한 박석

박영선, 서울을 걷다

영녕전에서 나오는 길, 종묘의 길은 제사의 순서를 나타낸다.

우리는 되도록 신로를 밟지 않으려고 조심하며 걸었다. 사람들이 많이 밟아서 깨지는 바람에 새로 교체한 것이라고 했다.

"이렇게 거친 박석으로 길을 만든 이유가 있습니까?"

"엄숙해야 할 종묘에서 왕이나 제관들이 품위 없이 걷는 것을 방지하기 위해서였어요. 지금 밟아도 울퉁불퉁한 게 발바닥에 느껴지지요? 옛날에 신발이라고 해봐야 가죽 한 장이었는데 박석을 밟을 때마다 얼마나 아팠겠어요. 빠른 걸음은 속되니 천천히 경건하게 다니라는 의미라고 봐야죠. 종묘는 길에 깔린 돌 하나에도 의미가 담겨있습니다."

우리도 경건한 마음으로 천천히 걸었다. 저절로 말수가 줄어들고 목소리 크기도 작아졌다. 걷다 보니 길이 달라졌다.

"여길 보세요. 길이 달라지지요?"

"신로는 사라지고 양쪽 두 길이 오른쪽으로 꺾이네요? 이건 무슨 의미입니까?"

"신로는 계속 이렇게 가라는 얘기입니다. 신은 발이 없으니 날아가는 거죠."

우리는 일제히 탄성을 질렀다. 비록 길은 떨어져도 눈에 보이지 않는 선으로 이어져 있는 것 같았다. 그제야 길의 건축, 선의 건축이라는 말의 의미가 한층 더 선명하게 다가왔다.

종묘의 선을 담당하고 있는 것이 또 하나 눈에 들어왔다. 향나무였다. 보는 것만으로도 정갈한 마음이 들었다. 그러고 보니 종묘에는 화려한 것이 눈에 띄지 않았다. 연못도 소박했다.

"종묘는 죽은 영혼을 모시는 공간이어서인지 차분한 느낌이네요."

"아무래도 그렇죠. 상징성이 강한 공간이니까요. 연못이 있어도 화려하게 꾸미지 않았고 물고기 또한 키우지 않았지요. 연못은 화재 시 방화수의 역할을 했을 겁니다."

"왕이 제향을 하려면 머무는 공간이 필요했을 것 같은데요?"

"종묘 안에 있는 재궁에 머물렀습니다. 재궁은 어재실 또는 어숙실이라고도 합니다. 임금이 세자와 함께 머물면서 제사를 준비하던 곳이었죠."

재궁은 종묘의 정문으로 들어와 망묘루와 공민왕 신당, 향대청을 지나서 있었다. 뜰을 중심으로 북쪽에 임금이 머물던 어재실이 있고, 동쪽에 세자재실이 있으며, 서쪽에 임금이 목욕을 하던 어목욕청이 있다. 제사를 올리기 삼 일 전부터 매일 목욕재계를 하고, 하루 전에 이곳에 와서 머물렀다고 한다.

제사 당일 임금과 세자는 서문으로 나와 각각 어로와 세자로를 따라 정전의 동문으로 들어가 제례를 올렸다고 한다. 우리는 잠시 쉬었다가 정전을 향해 걷기 시작했다. 걷다 보니 유난히 나무가 많다는 사실이 느껴졌다.

"종묘에 나무가 이렇게 많을 줄 몰랐네요."

"멀리서 조감해보면 종묘는 굉장히 울창한 숲속에 텅 비어있는 터처럼 보입니다. 신성한 터라고 할 수 있죠. 우리 선조들은 어둠과 빛, 인공과 자연, 이런 대비를 통해서 신성한 공간을 만든 거죠. 이렇게 숲속에 흩어져있는 종묘의 건축물을 연결하는 것이 바로 길입니다. 이런 건축 형식은 세계적으로도 유례를 찾기 힘들어요. 특히 왕가의 건축들은 기하학적으로 좌우대칭인 경우가 많은데 종묘엔 그런 의식이 전혀 없잖아요. 신로조차 똑바로 난 직선이 아니라 약간 휘어져 있죠.”

종묘가 정남향이 아닌 것도 뒤에서 내려오는 산과 대응해서 흐름을 연결시킨 이유라고 했다. 기계적으로 짜 맞춘 것이 아니라 유기적인 선이 잘 살아난 덕분에 더욱 아름다운 듯했다. 큰 흐름을 모르면 만들기 어려운 구조였다. 자연과 건축을 함께 살려낼 줄 알았던 우리 선조들의 지혜에 고개가 숙여졌다.

새삼 종묘가 더욱 신비롭게 다가왔다. 선조를 모신 사당이라는 의미를 훨씬 뛰어넘어 죽음에 대한 철학과 예술이 하나로 응집된 공간인 것 같았다. 그리고 그것을 여실히 보여주는 것이 바로 우리가 걷고 있는 종묘의 ‘길’이었다.

정전,
종묘의 하이라이트

우리는 종묘의 하이라이트라고 할 수 있는 정전(正殿) 앞에 다다랐다. 종묘가 주는 분위기 때문인지 입에 침묵의 지문이라도 찍어놓은 듯 모두 말이 없었다. 나 또한 저절로 목소리가 낮아졌다.

"이곳이 종묘의 정전, 메인 건물이지요?"

"네. 역대 임금과 왕후의 신주를 모시고 제사를 모시는 국가적 제례시설이었습니다. 영녕전과 구분하여 태묘(太廟)라 부르기도 하죠."

"이 정전은 어떤 분들의 신주가 모셔져 있습니까?"

"종묘에는 신주를 모시는 곳이 두 곳인데 하나는 정전이고, 다른 하나는 영녕전입니다. 정전은 정면 19칸, 측면 3칸 규모로 1394년에 착공해서 다음 해에 준공되었으나 임진왜란 때 불에 탄 후 몇 차례 개수와 증축을 통해 현재 19칸의 건물이 되었지요. 정전에는 제1실의 태조를 비롯하여 태종·세종·세조·성종·

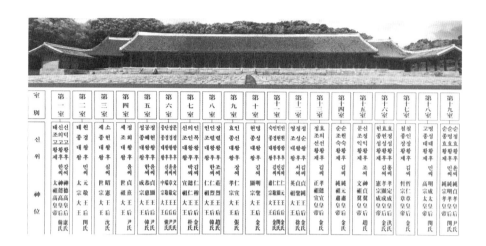

정전 신위 봉안도

室別	神位
第一室	태조고황제 신의고황후 한씨 신덕고황후 강씨 (太祖高皇帝 神懿高皇后 韓氏 神德高皇后 康氏)
第二室	태종대왕 원경왕후 민씨 (太宗大王 元敬王后 閔氏)
第三室	세종대왕 소헌왕후 심씨 (世宗大王 昭憲王后 沈氏)
第四室	세조대왕 정희왕후 윤씨 (世祖大王 貞憙王后 尹氏)
第五室	성종대왕 공혜왕후 한씨 정현왕후 윤씨 (成宗大王 恭惠王后 韓氏 貞顯王后 尹氏)
第六室	중종대왕 단경왕후 신씨 장경왕후 윤씨 문정왕후 윤씨 (中宗大王 端敬王后 慎氏 章敬王后 尹氏 文定王后 尹氏)
第七室	선조대왕 의인왕후 박씨 인목왕후 김씨 (宣祖大王 懿仁王后 朴氏 仁穆王后 金氏)
第八室	인조대왕 인열왕후 한씨 장렬왕후 조씨 (仁祖大王 仁烈王后 韓氏 莊烈王后 趙氏)
第九室	효종대왕 인선왕후 장씨 (孝宗大王 仁宣王后 張氏)
第十室	현종대왕 명성왕후 김씨 (顯宗大王 明聖王后 金氏)
第十一室	숙종대왕 인경왕후 김씨 인현왕후 민씨 인원왕후 김씨 (肅宗大王 仁敬王后 金氏 仁顯王后 閔氏 仁元王后 金氏)
第十二室	영조대왕 정성왕후 서씨 정순왕후 김씨 (英祖大王 貞聖王后 徐氏 貞純王后 金氏)
第十三室	정조선황제 효의선황후 김씨 (正祖宣皇帝 孝懿宣皇后 金氏)
第十四室	순조숙황제 순원숙황후 김씨 (純祖肅皇帝 純元肅皇后 金氏)
第十五室	문조익황제 신정익황후 조씨 (文祖翼皇帝 神貞翼皇后 趙氏)
第十六室	헌종성황제 효현성황후 김씨 효정성황후 홍씨 (憲宗成皇帝 孝顯成皇后 金氏 孝定成皇后 洪氏)
第十七室	철종장황제 철인장황후 김씨 (哲宗章皇帝 哲仁章皇后 金氏)
第十八室	고종태황제 명성태황후 민씨 (高宗太皇帝 明成太皇后 閔氏)
第十九室	순종효황제 순명효황후 민씨 순정효황후 윤씨 (純宗孝皇帝 純明孝皇后 閔氏 純貞孝皇后 尹氏)

중종·선조·인조·효종·현종·숙종·영조·정조·순조·문조·헌종·철종·고종·순종 19분의 왕과 왕후 30분의 신위를 모시고 있습니다. 1395년에 7칸으로 창건하여 개성에서 추존 4대의 신주를 옮겨 모셨다고 해요. 완공 당시에는 정전과 공신당 등만 있었다고 하니 지금보단 훨씬 더 작은 규모였지요."

완공 이후 태조는 종묘 남쪽에 인공으로 산을 만들어 허한 곳을 보완했다. 이후 태종은 남쪽의 가산(假山)을 더욱 높여 터의 지기를 안온하게 하였으며, 정전의 동서 행랑을 짓고 공신당을 정전 담장 안 동쪽 계단 아래로 옮기는 등 종묘의 전체적인 기틀을 다졌다.

"기틀을 다진 태종의 건축적 업적이 대단하네요?"

"태종은 우리나라 역대 임금 중 통일신라의 경덕왕과 더불어 건축에 가장 심혈을 기울인 왕이었습니다. 경덕왕은 경주에 불국사와 석굴암을 세웠고, 태종은 서울에 창덕궁을 건립하고 경복궁 경회루를 조성한 데다 종묘의 형식까지 완성했으니까요. 종묘의 정전이 지금처럼 장대한 규모로 확장되고 영녕전이라는 별묘까지 건립된 것은 조선왕조 500년의 긴 역사가 낳은 결과라고 할 수 있죠."

"종묘 정전은 크기부터 압도적이네요. 단순하면서도 장엄하다고 해야 할까요, 단일 건물로 이만한 건물이 우리나라에는 또 없을 것 같은데요. 건축학적으로는 어떤 의미가 있습니까?"

"동서로 117m이니 우리나라뿐 아니라 동양의 목조건물 중 가장 긴 건물에 속합니다. 중국의 종묘(베이징의 태묘)가 9칸인 데 비해 19칸의 긴 정면과 수평성이 강조된 건물 모습은 세계에 유례가 없는 독특한 건축물입니다. 똑같이 생긴 정교한 공간이 나란히 이어져 있어 더욱 압도적으로 보이죠. 그러면서도 장식적이지 않고 유교의 검소함이 깃든 건축물입니다."

정전의 구조를 보면 위패를 봉안한 방 19칸을 가운데 두고, 양쪽으로 2칸을 달아내어 직각으로 꺾인 회랑을 지었다. 정전의 하월대에서 상월대로 오르는 계단은 세 벌이 있는데 상월대에 오르는 계단과 동월랑에 오르는 계단의 소맷돌(난간)은 구름무늬를

정전과 그 내부 모습

박영선, 서울을 걷다

새겨 종묘가 천상의 공간임을 암시했다고 한다.

종묘 정전의 각 신실은 건축구성의 기본 단위이다. 신실은 한 칸으로 되어있으므로 결국 종묘 정전은 건물 한 칸 한 칸이 모여서 전체를 이루는 구조이다. 한 칸의 구성을 보면 우선 평면에서 제일 뒤에 신위를 모신 감실이 있고 그 앞에 제사를 지낼 공간이 마련되어있으며 그 끝에 판문이 설치되어 문 밖으로 다시 퇴칸 한 칸이 있다.

정전 건물의 크기는 계속 확대되었으나 그때마다 전체를 부수고 새로 짓는 것이 아니라 옆으로 한 칸 한 칸 늘려가는 방식을 취했다.

종묘 정전을 두고 건축미학의 정점이라고들 하는 이유를 알 것 같았다. 삶과 죽음이 공존하는 이 공간의 내용과 형식이 이리도 절묘하게 조화될 수 있다는 게 놀랍기만 했다.

장엄한 국가의식,
종묘제례와 종묘제례악

"정전 앞에 돌을 깔아 놓은 이 빈 공간의 넓이도 상당하네요."

"월대라고 합니다."

월대(月臺)는 제관들이 제사를 드릴 때 의식을 행하며 대기하는 공간인데 종묘제례악을 연주하는 공간으로도 사용된다. 월대의 중앙에는 신로가 상월대 아래까지 나 있다. 월대는 그 끝을 장대석으로 쌓아 두르고 그 윗면에 박석을 깔았는데, 곳곳에 차일고리가 박혀있었다.

"제관과 집례관들은 월대 위 묘정(廟庭 종묘의 마당)에 도열하여 제례를 행합니다. 3년 상을 치른 왕이나 왕후의 신주를 궁전에서 정전으로 옮기는 부묘제를 할 때 신주를 놓던 곳을 부알판위라고 하죠."

정전의 월대 아래 동쪽에 있는 공신당은 정전에 모신 역대 왕들과 함께한 공신들의 위패를 모신 사당이다. 창건할 때는 5칸에 불과하였으나 왕의 신주가 늘어남에 따라 배향 공신들의 위패도 늘어나 지금은 83위를 모신 16칸의 건물이 되었다고 한다.

"공신이란 어떤 사람들이었나요?"

"개인의 학덕이나 인격, 지위의 고하 여부와는 관계없이 왕위의 보위나 국가적 공헌을 한 신하에게 추증되는 명예였습니다. 대유학자 또는 절의의 성리학자로 인정돼 문묘에 배향된 유현 가운데 이이, 이황, 송시열 세 사람만 공신에 오를 수 있었죠."

"월대 아래 있는 저 건물은 뭔가요?"

"칠사당입니다. 칠사위(七祠位)라는 일곱 가지 신위를 제사하는 사당으로 토속신앙과 유교사상이 합쳐진 것이죠. 왕실과 궁궐의 모든 일과 만백성의 생활이 잘 풀리도록 봄 여름 가을 겨울의 운행과 관계되는 신들에게 제사를 지냈다고 합니다."

"지금도 해마다 이곳에서 제례를 지내고 있지요? 종묘제례는 어떤 의식인가요?"

"매년 5월과 11월 봄가을에 지내는 장엄한 국가의식이죠. 유교의 종교의식인 동시에 국가의 존립 근거를 확립시켜 주는 의식이었고요."

"돌아가신 분을 추모하거나 슬픔을 표현하는 그런 자리가 아니었나 보네요?"

"네. 오히려 오늘을 축복하는 의미가 있는 길례(吉禮)예요. 노래와 춤과 음악이 어우러지는데, 그때 쓰이는 음악이 종묘제례악이고요."

종묘제례악은 조선 역대 군왕의 신위를 모시는 종묘와 영녕전
의 제향(祭享)에 쓰이는 음악으로 국가무형문화재 제1호이다.

종묘제례악

박영선, 서울을 걷다

왕실의 조상과 자손이 함께
길이 평안하라, 영녕전

정전에 이어 영녕전으로 발걸음을 옮겼다. 영녕전은 정종 사후 정전의 신실이 부족하자 정전에 모시고 있던 신주를 다른 곳으로 옮기기 위해 지은 별묘(別廟)이다. '왕실의 조상과 자손이 함께 길이 평안하라'는 뜻의 영녕전(永寧殿)이 세워지면서 본래의 사당은 정전이라고 부르게 되었다. 1421년 당시 건물의 규모는 모두 6칸이었다. 임진왜란 때 불타버린 것을 여러 차례 증축하다가 1836년에 모두 16칸 건물로 늘어났는데 이 규모가 현재 영녕전의 규모이다.

"영녕전에는 어떤 분들이 모셔져 있습니까?"

"제1~4실인 중앙의 4실을 양 협실보다 높게 꾸미고 각 실에 태조의 4대조인 목조 · 익조 · 도조 · 환조와 왕후들의 신주를 모셨어요. 가장 서쪽인 제5실부터 정종 · 문종 · 단종 · 덕종 · 예종 · 인종 · 명종 · 원종 · 경종 · 진종 · 장조 · 의민황태자(영친왕)

와 왕후들 32위의 신주가 모셔져 있지요."

"마지막으로 증축한 것이 1836년이면 그때 이후로 공간이 모자라서 더 증축할 필요가 없었다는 건가요?"

"이게 참 신기한데요, 마치 왕조의 마지막을 예상이라도 한 것처럼 맞아 떨어져요. 조선왕조의 종말과 함께 정전과 영녕전의 신실이 모두 채워지고 더 이상의 빈 공간이 없어졌죠. 정전의 마지막 신실인 제19실에는 순종을 모셨고, 영녕전의 마지막 칸에는 영친왕을 모시면서 16개 신실이 다 찼거든요."

현재 정전에는 19분, 영녕전에는 16분의 왕의 신위가 모셔져 있다. 조선의 역대 임금은 27명이지만 35명의 왕이 모셔진 것은 태조의 선조 네 분, 사도세자(장조), 효명세자(문조)처럼 나중에 왕으로 추존된 분이 있기 때문이다. 왕후의 수가 왕보다 더 많은 것은 원비의 뒤를 이은 계비도 함께 모셨기 때문이다. 그러나 연산군과 광해군의 신주는 끝내 종묘에 들어오지 못했다.

정전은 서쪽인 왼쪽을 고정하고 오른쪽으로 칸을 늘리는 방식을 취했는데 영녕전은 중간을 중심으로 양쪽으로 칸을 늘리는 방식이었다. 영녕전은 건축 방식 등에서 정전과 많은 유사점을 지니고 있었다. 그러나 벽체와 기둥의 관계를 표현하는 데서 결정적인 차이를 보이고 있다고 했다. 정전에서 전퇴의 열주(列柱)를 제외한 모든 기둥을 벽 속에 숨긴 데 반하여, 영녕전에서는 원기둥을 노출시켜서 벽을 나누고 있었다. 영녕전의 열주도 정전의 열주만큼이나 장관이었다.

정전에 이어 '길과 선'의 장엄한 미학을 또다시 보여주는 영녕
전 앞에서 나는 한동안 말을 잃었다. 한 칸씩 늘어나는 '반복'의
형식은 되풀이되는 종묘제례악의 선율처럼 삶과 죽음이 다른 게
아니며 동전의 앞뒷면처럼 하나라고 말해주는 듯했다. 보이는 것
과 보이지 않는 것, 삶과 죽음이 어우러져 만들어내는 어떤 영원
성이 종묘라는 실체로 살아난 것 같았다. 그것을 직접 눈앞에서
목도하는 감각은 가히 압도적이라고 할 수밖에 없었다. 종묘는
단순한 건축물이 아니었다. 삶과 죽음에 대한 통찰이 담겨있는
곳이었다.

박영선, 서울을 걷다

정전(위)과 영녕전(아래)

두 건물의 실제 길이는 비슷하지만 영녕전은 가운데를 빼내어 길이가 짧게 보이도록 만들었다.
이는 정전과 영녕전이 같은 목적으로 지어졌지만 중요도의 차이를 표현한 것이다.

'공민왕 신당'에서
정통성을 생각하다

종묘를 나오기 전, 김 총장은 우리를 세워 마지막으로 들를 곳이 있다며 망묘루 쪽으로 이끌었다. 망묘루 옆에 작게 세워진 신당이 있었다. '공민왕 신당'이었다. 종묘는 조선왕조의 신당인데 고려의 왕인 공민왕을 모신 신당이라니! 놀랄 수밖에 없었다.

"왜 여기에 공민왕을 모셨을까요?"

"사실 아무도 그 정확한 이유는 모릅니다."

"조선의 정당성은 고려를 부정하는 데 있지 않던가요. 어찌됐던 쿠데타를 일으켜 세운 나라였으니까요."

"그래서 더욱 정당성이 필요했지요. 《고려사》를 보면 유독 고려의 왕들이 파렴치한으로 묘사된 장면들이 많아요. 고려 왕조의 퇴폐와 몰락을 강조하기 위해서였겠죠. 그래야 백성을 위해 군사를 일으켰다는 명분에 힘이 실렸을 테니까요."

신당 안에는 공민왕과 노국공주, 두 분의 그림이 모셔져 있었

　　　　　　　　　　　　　　박영선, 서울을 걷다

다. 조선의 왕들을 모신 종묘에서 공민왕의 영정을 바라보는 기분이 묘했다. 전혀 예상치 못했던 장소에서 뜻밖의 인물을 만난 기분이었다.

"조선의 정당성을 세우기 위해 고려의 왕들을 형편없게 평가했지만 유일하게 조선왕조에서 존경을 했다고나 할까, 겉으로 드러낼 만큼 존경을 보이진 않았더라도 적어도 폄하를 하지 않은 유일한 왕이 바로 공민왕입니다."

공민왕은 원나라에서 돌아오자마자 개혁정치를 시작했다. 원나라와 전쟁을 벌여 '쌍성총관부'를 공격해서 우리나라 영토를 회복하기도 했다. 그때 쌍성총관부의 성문을 열어준 사람이 이성계의 아버지, 이자춘이었다. 그 공로를 인정받아 이자춘 집안이 개성으로 옮겨올 수 있었다. 결과만 놓고 보면 조선의 왕이 될 사람의 가문을 발탁한 셈이다. 공민왕은 또 한 가지 중요한 역할을 했는데 사대부들을 적극적으로 키운 일이었다. 정도전, 정몽주 전부 공민왕이 발탁한 인물이었다. 문신만이 아니었다. 최영 같은 무신도 길러냈다.

"조선 왕조 건립은 이성계와 정도전, 그리고 신흥 무인 세력과 신진 사대부 세력 등 문신과 무신이 함께 결탁했기에 가능한 일이었어요."

조선을 세운 세력이 공민왕이 발굴한 인물들이었으니 역사의 아이러니가 아닐까 싶었다. 부패한 고려를 개혁하고자 했던 공민왕은 고통 받는 백성들을 구하고자 했을 터였다. 비록 공민왕 당대에 그 꿈을 이루진 못했지만 그 정신을 이어받은 이들이 조선을 건국한 것이다.

"사실 이곳은 종묘 관리에 해당되진 않아요. 공민왕을 추종하는 이들이 제사를 지내고 있습니다. 그러나 한 가지 분명한 건 공민왕이 없었다면 이성계도 없었고 정도전도 없었을 겁니다. 그래서 종묘에 공민왕의 신당을 모시지 않았나 싶습니다. 어디까지나 제 추측이지만요."

김 총장의 해석은 무척이나 흥미로웠다. 종묘를 생각하면 정전과 영녕전만 떠올렸는데 오늘만큼은 공민왕 신당이 기억에 강하게 남았다. 왕이 되려면 왕의 자손이어야 한다. 종묘에 목조, 익조, 도조, 환조라는 추존 왕을 모신 것도 태조 이성계가 왕의 자손이라는 정통성을 만들기 위해서였다.

왕가의 정통성을 현대적으로 해석하면 '헌법'일 것이다. 대한민국은 민주공화국으로 국민을 주인으로 하며 헌법으로 기둥을 세워 만든 나라다. 2019년은 임시정부 수립 100주년이 되는 해다. 대한민국이 어떤 정통성에서 확립되었으며 앞으로 무엇을 잊지 말고 나아가야 할 것인가. 종묘는 과거 조선왕조의 정통성뿐만이 아니라 대한민국의 정통성에 대해서도 생각하게 하는 의미 있는 장소였다.

공민왕 신당

세운상가에서
종묘를 바라보며

우리는 종묘를 나와 천천히 세운상가로 이동했다. 종묘를 한눈에 바라볼 수 있는 최적의 장소가 세운상가 9층 옥상이었기 때문이다. 현재 종묘 앞은 세운상가와 광장시장이 자리 잡고 있는 평지지만 본래는 '배오개'라고 해서 배나무가 많은 고개, 혹은 큰 배나무가 있던 고개였다고 한다. 태종이 가산으로 조성한 배오개가 장터로 변했는데 근대 들어 평평하게 닦이면서 광장시장이 되었다. 일제시대 우리 문화재를 지켜낸 간송 전형필 집안이 이 배오개 시장의 거상이었다.

세운상가에서 바라보는 종묘는 한 폭의 그림 같았다. 아름답기도 했지만 지리적으로도 서울의 중요한 곳에 있다.

"저기 북한산이 보이죠? 북한산 맥이 쭉 왼쪽으로 흘러 북악산에 맺혔다가 다시 흘러 조금 올라간 곳이 응봉입니다. 응봉에서부터 내려온 줄기에 종묘가 자리 잡고 있죠."

세운상가에서 내려다보니 종로 일대, 남산, 종묘, 청계천, 인왕산까지 시원하게 잘 보였다. 한때 세운상가를 어떻게 할 것인지 논란이 많았는데 현재의 모습은 놀랍게 변해있었다. 오랜 세월 좌초 위기에 처해있던 세운상가와 주변 상권에 다시 생명력이 생긴 것 같아 무척이나 반가웠다.

"어떻게 보면 세운상가는 산업화 시대의 유물이라고도 볼 수 있을 텐데요, 예전엔 우스갯소리로 이곳에선 우주선도 만들 수 있다고 하지 않았습니까?"

"우리에겐 중요한 곳이죠. 용산상가가 생기기 전까지 유일한 복합 전자상가였고요."

세운상가는 1968년 세워진 국내 최초의 종합전자상가이자 우리나라 최초의 주상복합아파트였다. '세운'이라는 이름은 '세계의 기운이 모이다'라는 뜻이다. 세운상가의 설계를 한 사람은 우리나라 건축사의 큰 획을 그은 김수근이었다. 설계 당시엔 종묘에서 필동에 이르는 1km여의 공간을 보행자 통로로 연결하여 입체화하려고 했고, 상가 위층 아파트 부분에 건물을 유리로 덮는 아트리움 공간을 도입하는 등의 파격적인 시도가 있었지만 건설 결과는 초기 설계와는 많이 달라졌다. 보행자 통로도 이어지지 못하고 중간에 끊겼고, 아트리움 공간도 도입되지 않았다. 상가 내에 공공시설을 설치하고 옥상에는 인공정원을 두겠다는 계획도 무산된 채 투박하고 위압적인 건물로 남게 되었다. 우리나라 전

세운상가에서 본 종묘

기·전자산업의 메카 역할을 했던 국내 대표 전자상가로 1980년
대까지 번영을 누렸지만 2000년대 들어와서는 상가가 철거될 위
기까지 겪었다.

　최근 종로 일대 도시재생 프로젝트와 맞물려 50년 만에 미술
갤러리와 각종 예술 공방이 들어서 있다.

　"세운상가를 바라보는 관점은 사람마다 다를 듯합니다. 총장님
보시기엔 어떠신지요?"

　"어떤 철학을 갖고 있느냐에 따라 각자 다르겠지요. 한쪽에선

이걸 다 허물고 공원으로 만들거나 녹지를 연결해서 남산까지 이어지게 하자고 합니다. 다른 쪽에선 모두 다 없애고 99층 주상복합 건물을 세우자고 하죠. 제 생각엔 세운상가도 과거의 유산이라고 생각해요. 녹지를 충분히 살리고 잘 개조하면 서울을 연결시키는 역할을 하리라 기대합니다. 무조건적인 개발보다 어떻게 재생할 것인가, 하는 지혜가 필요하죠."

"세계적으로도 도시재생과 스마트 시티가 대세이잖습니까? 영국의 경우 산업혁명의 유산을 잘 보존해서 그것을 다시 문화로 재창조시키기도 했고요. 세운상가는 대한민국 산업화 시대의 유물이라고도 볼 수 있을 텐데, 앞으로 어떻게 보존할 것인지, 특히 지역과의 연계성이 중요할 듯합니다."

진정한 도시재생은 단지 건물을 허물고 새로 짓는 일이 아니어야 할 것이다. 그 지역의 역사와 문화가 충분히 고려되어야 한다. 서울 도시재생이라는 큰 그림의 일부를 담당하는 세운상가 또한 종묘의 축을 살리는 동시에 주변과의 연계성을 더 살리는 방향으로 이뤄져야 할 것이다.

세운상가에서 시간을 두고 천천히 종묘를 음미했다. 종묘를 돌아본 후 특히 인상에 남는 것은 건축 방식이었다. 작은 공간을 필요에 따라서 늘릴 때 완전히 허물고 다시 짓는 것이 아니라 조금씩 증축해 나가면서 지금과 같은 장엄한 건물로 만들었다는 점이 특이했다. 역사와 전통을 살리면서 현재 필요하고 미래에도 적합

한 공간으로 서울을 만들어나갈 때 종묘와 세운상가에서 그 아이디어를 얻을 수 있을 것 같았다.

종묘와 세운상가만이 지닌 공간의 의미도 생각해 보았다. 종묘는 오랜 시간이 지났어도 공간성이 훼손되지 않았다. 세운상가는 새로운 공간으로 탄생하는 중이었다. 모든 장소는 그 공간만이 지니는 독특한 생명력이 있기 마련이다. 그러나 내가 사랑하는 서울 한가운데 그 생명력이 훼손된 곳이 있었다.

고개를 들어 시선을 멀리 던졌다. 보이지 않아도 가슴에 선연히 그려지는 곳이 있었다. 그 공간만이 가진 의미를 살리며 생명력을 지닌 공간으로 재생되기를 간절히 바라는 곳, 송현동 솔숲 언덕이었다.

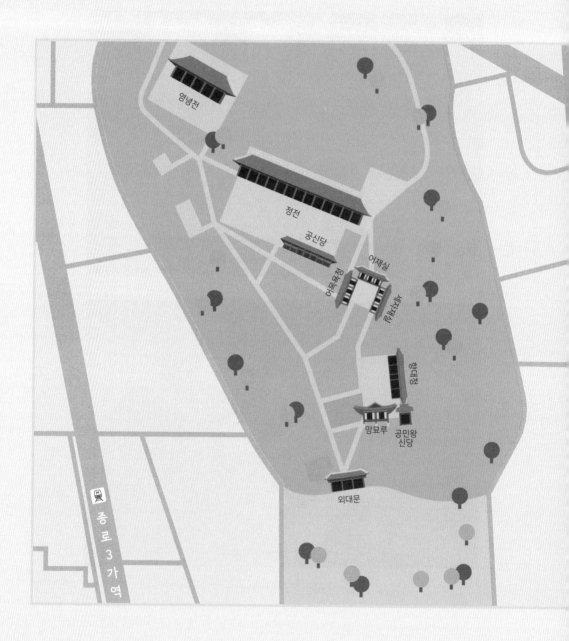

영녕전

정전

공신당

어재실

정요당

악공청

망묘루

공민왕
신당

외대문

종로 3 가 역

[서울을 걷다]

종묘

8

공존과 치유,
공감과 소통의 터를 만들자

송현동 솔숲의
복원을 바라는 이유

　서울은 오랜 전통만큼이나 아픈 상처도 품고 있는 곳이다. 숱한 외세의 침입과 근대화 과정에서 겪었던 난개발, 강제적인 도시재개발로 살던 곳에서 뿌리 뽑힌 채 쫓겨났던 집단의 기억. 그 과정에서 파괴된 것은 단지 자연만이 아니었다. 급박한 생존에 내몰리느라 우리의 마음까지 척박해졌다. 이런 서울을 상징적으로 보여주는 곳이 바로 송현동이다.

　송현동 답사에 함께할 분은 경복궁과 삼청동, 종묘에도 동행했던 김봉렬 총장이었다. 낯익은 얼굴들과 인사를 나누고 우리는 송현동을 향해 천천히 걷기 시작했다.

　"서울을 걸을수록 참 놀라운 마음이 듭니다. 우리 서울이 이렇게 멋진 곳이었구나 싶어요."

　"그렇죠? 알면 알수록 사랑하게 되는 도시지요. 풍수적으로 봐도 배산임수의 명당인데, 인구 천만 명이 넘게 사는 곳이 자연으로 둘러싸여 있다는 건 분명 커다란 축복입니다."

"오늘 가는 곳이 송현동인데요, 지금은 사라지고 말았지만 여기가 원래 엄청난 소나무 숲이었지요?"

"조선시대부터 대대로 내려오던 솔숲이었지요. 주변엔 아름다운 한옥도 많았고요. 1만 평이 넘는 땅의 대부분이 숲으로 남아 있었고 거대한 플라타너스를 비롯해 여러 종류의 나무들이 잔뜩 들어선 굉장한 숲이었죠. 그런데 어느 날 갑자기 그 아름다웠던 숲이 통째로 사라지고 만 것이죠."

송현동은 덕성여자중학교와 그 주변의 빈 터로 이뤄진 곳이다. 북촌의 유서 깊은 동네인 사간동, 화동, 안국동, 가회동, 삼청동 등으로 둘러싸여 있다. 원래는 아름다운 솔숲이었으나 지난 10여 년 사이에 심각하게 훼손되었다.

'송현(松峴)'은 '소나무 언덕'이라는 뜻이다. 조선시대에 왕실에서 쓸 소나무를 공급하기 위한 솔숲으로 조성했기에 붙여진 이름이라고 한다. 도심 한가운데 소나무 숲이 들어섰으니 훼손되기 전 송현동의 풍경이 얼마나 아름다웠을지 상상이 되었다.

그렇기에 더욱 지금의 송현동이 안타깝게 다가왔다. 옛날이 더 좋았다는 식의 감상이나 무조건 과거의 모습을 되살리자는 단순한 복원을 주장하려는 게 아니다. 우리 사회가 지금 무엇에 무게중심을 두고 살아가는지 '가치'의 문제를 다시 한 번 짚어볼 필요가 있기 때문이다.

박영선, 서울을 걷다

화가 오관진이 그린 송현동

송현동 개발
잔혹사

"송현동은 역사적으로도 많은 변화를 겪은 곳이지요?"

"조선시대 초기에는 안평대군의 사저였다가 인조 때는 봉림대군의 사저로 사용되었어요. 이후엔 친일파 윤덕영의 형이자 순종 황제의 장인인 윤택영이 소유했지만 일제강점기에 식산은행으로 넘어가 직원 숙소가 들어섰지요. 해방 뒤에는 미군이 점령해 미국 대사관의 직원 숙소로 쓰였고요."

송현동 주변에는 인현왕후와 명성황후가 살던 감고당, 고종의 후궁이었던 엄비가 살던 가옥, 세종 때 처음 지어진 안동별궁 등의 커다란 한옥들이 있었다. 근처에 있던 덕성여자중학교를 다녔기에 매일 학교를 오가며 보던 곳이어서인지 내 가슴에 남아있는 곳이다.

'왜 여기에 우리나라 사람들이 살지 않고 외국인이 살고 있지?'

어렸을 땐 단순하게 미국인들이 이곳에 산다는 게 이상했다.

박영선, 서울을 걷다

이렇게 좋은 곳에 왜 우리나라 사람이 아니라 다른 나라 사람이 살게 되었는지 의아할 뿐이었다. 그런데 이후 송현동에 벌어진 일은 의문의 수준을 넘어 경악에 가까운 일이었다. 서울 시민을 위한 공간으로 개방되어야 마땅할 곳에 자본의 과욕이 끼어들면서 급속히 변질되기 시작했던 것이다.

2000년에 삼성생명과 삼성문화재단이 이 땅을 매입했다. 삼성은 이곳에 미술관과 복합문화시설을 지으려고 했으나 조선을 대표하는 역사 지역이며 주위에 중·고등학교들이 있어 극심한 반대로 개발하지 못했다.

"2008년 삼성으로부터 대한항공이 이 땅을 사들였는데 서울을 대표하는 최고급 호텔을 짓겠다고 했어요. 터를 닦기 위해 울창하던 숲을 모두 없애버렸죠. 심지어 법까지 바꾸려고 엄청난 로비를 했어요. 당시 제가 18대, 19대 국회의원을 할 때였는데 민주당에서 끝까지 안 된다고 막았었지요."

"저도 당시 이슈화되었던 걸 기억합니다. 북촌 문화의 교차로와 같은 곳인 데다가 주변에 중·고등학교까지 있는 이 땅에 호텔이라니, 많은 사람들이 개탄을 금치 못했었지요. 법이 통과되지 않아서 정말 다행이었어요."

그러나 송현동에 다시 대규모 초고층 호텔이 들어설 뻔한 위기가 있었다. 박근혜 대통령 시절이었다. 박 전 대통령은 취임 초부터 일자리 창출을 명분으로 호텔 건립에 찬성하는 입장을 취했다.

송현동 개발 중단 현장

교육계와 문화계, 시민단체 등이 나서서 강력하게 반발했지만 정부가 강력하게 밀어붙이려는 움직임을 보였다. 법규를 바꾸려던 대한항공은 소송까지 불사했지만 다행스럽게도 학교 주변에 관광호텔 설립은 '불가'라는 대법원 판결이 나왔다. 그래도 박근혜 정부에서 허가해주려던 것을 '땅콩 회항' 사건이 일어나는 바람에 보류된 것이다.

정부가 나서서 학교 주변에 관광호텔 설립을 허용하려고 했다는 게 지금 생각해도 어이가 없고 그 아슬아슬했던 상황은 다시 돌아봐도 아찔할 뿐이다.

솔향기 퍼지는
문화의 교차로

소나무 숲 향기가 주변까지 물들이던 송현동은 일제강점기부터 근현대사에 이르기까지는 '빼앗긴 땅'이었고, 우리 시대에는 자본에 의해 '훼손된 땅'이었다. 오랜 시간 동안 본연의 모습을 찾지 못한 채 방치되어 왔고 아직까지 복원되지 못하고 있다.

강점의 역사와 자본의 논리를 넘어 송현동을 살리는 일은 어떤 방향성을 지녀야 할까. 무엇보다 지리적 관점에서 송현동이 지닌 가치 곧 문화의 교차로라는 점에 심도 있게 주목해야 할 것이다.

"송현동을 살리는 일은 비단 송현동에만 국한되는 일이 아닙니다. 송현동을 복원하면 근처의 중요한 지역 문화까지 살릴 수 있고, 문화의 교차로 역할까지 할 수 있으니까요."

"그렇기에 더욱 어떤 식으로 살리느냐가 중요한 관건이겠네요."

"물론이지요. 무분별한 개발이나 대기업 이권이 들어온다면 주변의 문화까지 망가질 위험이 있으니까요."

"저도 총장님 말씀에 동의합니다. 그래서 다른 문화시설이 들어오는 것보다 자연 그대로 소나무 숲으로 복원되는 것이 가장 좋다고 생각합니다. 훼손과 상처를 치유하는 공간, 재생과 회복의 공간, 자연과 공존하는 서울의 문화를 상징하는 곳이 될 수 있을 테니까요."

송현동과 송현동 주변은 골목길이 살아있는 곳이다. 길과 길이 만나고 이어지는 한가운데 있기에 느긋한 마음으로 천천히 걷기에도 좋다. 송현동 주변은 모두 유서 깊은 문화를 간직하고 있는 곳이다. 원래 모습 그대로 복원된다면 주변의 소격동과 삼청동의 작은 골목길과 이어지고 안국동과 인사동과도 연결되어 명실상부한 문화교차로가 될 것이다.

사실 송현동 주변은 젠트리피케이션으로 한바탕 몸살을 앓았다. 젠트리피케이션은 도시계획에서 늘 빠지지 않고 논의되는 주제다. '보다 풍요로운 주민의 유입을 통해 낙후된 도시 주변지역이 개선되는 과정'이라는 정의만 보면 긍정적인 이미지가 떠오르지만 우리나라에서는 부정적인 의미로 더 많이 쓰이는 듯하다.

젠트리피케이션이 유발되는 과정을 보면 저소득 예술가들이 비용이 적게 드는 지역으로 모여들어 특유의 분위기와 매력을 만들어내는 것으로부터 시작되는 경우가 많다. 그 덕에 사람들이 모여들어 지역이 활성화되면 투자가 증가하고 부동산 개발자나 지역 활동가들이 움직인다. 기반시설이 좋아지고 인구이동도 늘어나는 과정에서 임대료나 지가가 상승해 원주민들이나 그 지역만의 매력을 만들어냈던 이들이 떠나고, 대기업 자본이 투입되면서 특유의 문화는 사라지고 흔한 관광지처럼 변질되는 일도 허다하다.

상업적 젠트리피케이션도 막아야 하지만 똑같은 모습으로 복제화되는 듀플리케이션도 경계해야 한다. 복원된 모습이 삼청동이나 인사동, 익선동이나 안국동과 다를 바 없다면 송현동 복원에 어떤 의미가 있겠는가?

잠시 걸음을 멈추고 송현동 복원을 상상할 때면 나는 어김없이 소나무 숲이 복원되어 수많은 사람들이 그 안에서 진정한 휴식을 취하고 안정을 느끼는 모습이 떠오른다. 도심 한가운데서 그윽한 솔향기를 맡는 것만으로도 우리 마음은 한층 여유로워지지 않을까. 삶에도 여백이 있어야 숨을 쉬듯이 도시에도 빈 공간이 있어야 숨통이 트인다. 그런 일상의 공간을 확보하는 것이야말로 '도시재생'의 새로운 가치를 만들어내는 일이 아닐까. 송현동의 복원이 자연과 함께하는 것에 가치를 두고 이뤄진다면 물리적 공간의 복원을 넘어 우리 삶의 질을 높이고 정서적 공간을 되살리는 일이 되지 않을까. 나는 진정으로 묻고 싶다.

박영선, 서울을 걷다

공존과 치유,
공감과 소통이 살아나는 공간

지금까지 〈서울을 걷다〉에 동참해 함께 걸은 사람들을 바라보았다. 이 분들이 있었기에 송현동까지 걸어올 수 있었다. 누군가 내 옆에 있다는 것, 삶에서 이것처럼 든든한 일은 없다. 힘든 일을 겪고 넘어지고 쓰러졌을 때, 다시는 일어나고 싶지 않았을 때, 그때마다 손을 내밀어준 분들이 있었다. 정치인으로 지금까지 행보를 이어올 수 있었던 것은 나의 의지만으로 가능한 일은 아니었다. 내 손을 잡아주고 그 손을 놓지 않았던 분들 덕분이었다.

혼자 살 수 있는 사람은 없다. 누군가의 도움을 받고 누군가를 도우며 살아간다. 사람이 머무는 공간도 사람을 닮는다. 사람이 혼자서는 살아갈 수 없는 것처럼 공간 또한 주변과 연결될 때 비로소 생명력이 살아난다. 거미줄 같은 네트워크, 연결성이야말로 새로운 시대의 힘이다. 그리고 그 연결성의 힘을 가장 강력하게 보여주는 것이 바로 문화라고 믿는다.

문화는 전 세계 사람들을 하나로 이어주는 힘을 갖고 있다. 지난 역사 속에서 풀지 못한 나라 간의 첨예한 정치문제도 문화를 통해 공감대를 마련하고 대화의 물꼬를 트는 경우를 종종 목격해왔다. 소나무 숲이 복원된 송현동은 주변의 끊어진 길을 연결하고 잃어버린 역사를 다시 찾아 우리 안에 새로운 기억을 만들수 있는 기회의 땅이 될 것이다. 우리들의 도시, 서울의 문화가앞으로 어떤 방향으로 나아가야 하는지를 보여주는 등대가 될것이다.

송현동을 걷고 서울을 걷는 동안 사람들의 각기 다른 발걸음, 높낮이가 다른 목소리가 유난히 좋았다. 우리는 그렇게 다양한얼굴로, 다양한 의견으로 자신의 존재를 드러내고 있었다. 다르다는 것, 이것은 지양해야 할 것이 아니라 지키고 발전시켜야 하는것이다. 문화가 가진 또 하나의 힘은 다양성이기 때문이다.

다름은 차이를 만들어내고 차이는 상대를 있는 그대로 보게 하는 존중의 마음을 부른다. 차별은 맞서 싸워야 하는 것이지만 차이는 수용하고 품어야 하는 것이다. 세상에 나무도 풀도 돌멩이도 똑같은 것은 하나도 없다. 다르기에 아름답고 다르기에 조화롭다. 나와 다른 타인에 공감하는 것, 그래서 최선을 다해 소통하는 것. 이것이야말로 문화적 존재로서의 인간이 지닌 강력한 능력이다.

자연과 인간이 공존하는 송현동의 복원은 우리가 바라고 꿈꾸는 삶의 터전이 재탄생하는 일이다. 우리가 선택한 가치가 스며든 삶의 터전으로 새로 태어날 송현동의 모습은 서울의 푸른 미래를 반영하는 거울이 될 것이다.

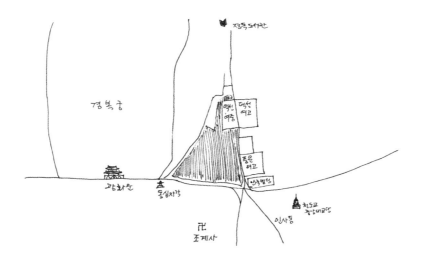

시민(이원조)이 그린 송현동 지도 스케치

에필로그

길이 살아야
서울이 산다

   서울은 길의 도시입니다. 끊어지다가도 이어지고 단절되다가도 연결되며 흩어져도 다시 만나 다른 방향으로 향합니다. 덕수궁, 정동, 창덕궁, 경복궁, 삼청동, 정독도서관, 성균관, 명동, 종묘 그리고 송현동은 모두 역사의 길이요 문화의 길입니다. 〈서울을 걷다〉를 통해 함께 서울을 걸으며 아쉬웠던 건 우리가 걸은 길이 강북 지역에 국한되었다는 점이었습니다. 강북만으로 우리의 서울을 말할 수는 없습니다. 그래서 우리는 뒤이어 강남으로 발걸음을 옮겼습니다.

   강남의 첫 번째 여정은 서초구 국립중앙도서관에서 시작해 대검찰청, 대법원을 거쳐 반포대로를 따라 예술의전당까지 이어지

는 길이었습니다. 함께해주신 분은 김기호 서울시립대학교 명예
교수님이었습니다. 걷고 싶은 도시를 만들면 도시가 재생된다는
소신을 갖고 계신 분이었기에 어떤 이야기를 들려주실지 기대가
컸습니다. 우리는 국립중앙도서관 앞에서 만나 법조타운으로 향
했습니다.

"서초 지역에 법조타운이 들어선 이유가 있나요?"

"원래는 1970년대에 3핵도시를(강북에 행정부중심의 도심, 강남
(당시 영동)에 입법부중심의 도심, 여의도에 사법부중심의 도심) 만들어
서 강북도심의 밀집을 해결하자는 구상에서 출발했죠. 대법원 건
물은 원래 서울시청이 옮긴다고 했던 자리예요. 1970년대 중반
강남 개발이 시작되었을 때 사람들이 하도 안 간다고 하니까 강
북의 명문 고등학교와 법원, 심지어 서울시청도 옮긴다고 했었죠.
그런데 시청 이전은 어떤 이유에서인지 흐지부지되었고 비어있
는 자리에 법원이 들어왔죠."

특이하게도 대법원 앞쪽으로는 널찍한 조망권이 확보되어 있
었습니다. 우연인가 물었더니 민주사회에서는 법대로 나라가 운
용되는 것이 중요하기 때문에 그 위상과 권위를 존중하는 측면에
서 건물의 높이를 관리하는 것이라고 했습니다.

"기왕이면 좀 더 아름답고 예술적인 건물이면 좋았을 텐데요."

"그렇죠. 나아가 대법원 옥상을 스카이라운지로 개방해 시민들

이 경관과 조망을 즐기며 법원과 친해지도록 했으면 좋겠고요."

법원에 대해 시민들이 느끼는 심리적 거리가 가까워질 수 있는 좋은 방안인 듯했습니다. 법전에만 있는 법이 아니라 시민들의 가슴에 살아있는 법정신을 키우기 위해서라도 필요하지 않을까요.

법원에서 예술의전당을 향해 걸어가면서 이 길이 문화의 길이 되면 좋겠다는 생각이 들었습니다. 길을 따라 걷는 동안 법의 긴장된 언어가 문화의 이완된 언어로 바뀌고 다툼의 언어가 소통의 언어로 바뀌는 길. 예술의전당을 핵심으로 주변이 연결된다면 가능할 것도 같았습니다.

예술의전당은 1988년에 생겼으니 벌써 30년이나 지났습니다. 이렇게 도시에 한 거점이 생긴다는 건 굉장히 오랜 시간이 걸리는 일입니다.

"여기서 보면 가로 측 끝이 보이죠? 터미널 뷰라고 부르는 종단경인데, 저기에 무엇을 두느냐가 그 사회가 지향하는 가치가 무엇인지를 말해줍니다. 이렇게 예술의전당을 두면 이 사회는 문화와 예술을 굉장히 중요하게 생각한다고 여기는 거죠."

우리 사회는 오랫동안 개발에만 가치를 두고 앞만 보고 달려왔습니다. 그것을 시대의 과제로 받아들이기도 했습니다. 하지만 이

박영선, 서울을 걷다

제는 문화와 예술을 즐기며 일상의 내용을 풍성하게 만들어나가는 삶을 지향해야 할 때 아닐까요. 문화가 일상이 되고 이웃과 함께 그 일상을 누리는 살만한 서울을 만들어나가는 일은 그래서 우리 시대의 과제인 셈입니다.

사람은 길을 만들고 길은 사람을 만듭니다. 우리는 길을 걸으며 사유하고 길에 대한 사유는 밖으로만 향했던 시선을 내면으로 돌려 우리의 문화를 성찰하게 합니다.

길을 걷는다는 것은 결국 사람과 만나는 일입니다. 만남에서 소통이 이뤄지고, 타인과 적극적으로 소통하려는 노력을 멈추지 않아야 공감하게 됩니다. 길이 어떻게 이어지느냐에 따라 걷기 편한 길, 아름다운 길이 되는 것처럼 우리도 어떻게 사람과 만나고 자연을 만나느냐에 따라 삶의 질과 문화의 품격이 달라질 것입니다.

걷기 좋은 길이 있는 도시를 만들기 위해선 거시적 관점만큼이나 미시적 관점이 필요합니다. 전체적으로 주변과 어우러지면서도 그 공간만이 지니는 독특함을 살릴 수 있는 미학적 이해뿐만 아니라 접근성과 편리성까지 두루 갖추도록 하는 기능적 이해도 높아야 하기에 종합적 인식을 필요로 하는 일입니다.

차를 타고 지나갈 때와 천천히 걸을 때 서울은 완전히 다른 느낌을 주었습니다. 걷기 시작하자 서울은 풍부한 이야기를 지닌 도시로 다가왔습니다. 그래서 걸어서 가보지 않은 도시는 안다고 하면 안 된다고 했던가요.

시민들과 함께 서울을 걷는 일은 앞으로도 지속될 것입니다. 오늘의 서울을 걷는 한 걸음 한 걸음이 우리가 꿈꾸는 문화도시, 내일의 서울로 향하는 힘찬 길이 될 것이기 때문입니다.

박영선, 서울을 걷다